Políticos
e líderes
religiosos

Políticos e líderes religiosos
A máfia da fé

OSHO

Tradução
Maria Clara de Biase Wyszomirska

1ª edição

Rio de Janeiro | 2019

CIP-BRASIL. CATALOGAÇÃO NA PUBLICAÇÃO
SINDICATO NACIONAL DOS EDITORES DE LIVROS, RJ

O91p
Osho, 1931-1990
Políticos e líderes religiosos: a máfia da fé / Osho; tradução Maria Clara de Biase Wyszomirska Fernandes. – 1ª ed. – Rio de Janeiro: Best*Seller*, 2019.

Tradução de: Priests and politicians
ISBN 978-85-465-0195-3

1. Religião e política. 2. Espiritualidade. 3. Zen-budismo. I. Fernandes, Maria Clara de Biase Wyszomirska. II. Título.

CDD: 294.3
19-57052   CDU: 24

Meri Gleice Rodrigues de Souza – Bibliotecária – CRB-7/6439

Texto revisado segundo o novo Acordo Ortográfico da Língua Portuguesa.

Título original
Priests and politicians

Copyright © 1987, 2016 by Osho International Foundation
Copyright da tradução © 2019 by Editora Best Seller Ltda.

Publicado mediante acordo com OSHO International Foundation, Switzerland.
www.osho.com/copyrights
O material contido neste livro foi selecionado a partir de vários discursos de Osho para plateias ao vivo. Todos os discursos de Osho foram publicados na íntegra como livros, e estão também disponíveis como gravações de áudio.
Os arquivos completos de gravações e textos se encontram em www.osho.com
OSHO é uma marca registrada da Osho International Foundation,
www.osho.com/trademarks.

Todos os direitos reservados. Proibida a reprodução, no todo ou em parte, sem autorização prévia por escrito da editora, sejam quais forem os meios empregados.

Direitos exclusivos de publicação em língua portuguesa para o Brasil adquiridos pela
Editora Best Seller Ltda.
Rua Argentina, 171, parte, São Cristóvão
Rio de Janeiro, RJ – 20921-380
que se reserva a propriedade literária desta tradução.

Impresso no Brasil

ISBN 978-85-465-0195-3

Seja um leitor preferencial Record.
Cadastre-se no site www.record.com.br e receba informações sobre nossos lançamentos e nossas promoções.

Atendimento e venda direta ao leitor
sac@record.com.br

SUMÁRIO

Prólogo 7

Capítulo 1: Religião — verdadeira e falsa 9

Capítulo 2: A pior profissão do mundo 39

Capítulo 3: Pobreza, castidade e obediência 73

Capítulo 4: Bem-aventurados os pobres 89

Capítulo 5: Igreja e Estado 109

Capítulo 6: Uma humanidade dividida 151

Epílogo: Absolutamente nenhuma notícia 171

PRÓLOGO

Pela primeira vez na história o mundo se aproxima de uma morte global. Até agora só existia a morte individual; a sociedade continuava, o mundo continuava. Sim, pessoas chegavam e partiam — velhos morriam e crianças nasciam —, mas havia continuidade, a vida sempre estava lá. Sim, a vida individual era problemática, mas somente o indivíduo se preocupava com isso.

Era muito fácil para o sacerdote explorar o indivíduo — ele era fraco demais, pequeno demais e limitado demais. Sabia que ia morrer, precisava da ajuda do sacerdote para encontrar algo imortal a que se apegar. Algo eterno, que o levasse além da morte. Essa era a promessa do sacerdote. Mas isso nunca foi um problema enfrentado por toda a sociedade.

Hoje, toda a sociedade enfrenta esse perigo. Até aqui, nunca havia ocorrido tamanha crise, por isso as pseudo-religiões, as religiões pigmeias, eram suficientes. Aos indivíduos, bastava receber pequenas doses delas. Agora, pela primeira vez, estamos nos aproximando da morte de toda a humanidade — não só de toda a humanidade, mas de toda vida.

Morte encontrando vida em sua totalidade é o momento certo para o surgimento de uma nova espiritualidade, ou uma nova religiosidade.

CAPÍTULO 1

Religião — verdadeira e falsa

A palavra "religião" é bonita. Sua etimologia se reporta ao significado de reunir todos que se afastaram em sua ignorância; juntá-los, despertá-los, para que possam ver que não estão separados. Para que não possam machucar nem mesmo uma árvore. Dessa forma, a compaixão e o amor serão espontâneos — não cultivados, não uma disciplina. Se o amor for uma disciplina, será falso. Se a conduta não violenta for uma disciplina, será falsa. Se a compaixão for nutrida, será falsa. Mas se vierem espontaneamente, sem nenhum esforço, serão uma realidade muito profunda, algo extraordinário...

No passado, muitos crimes foram cometidos em nome da religião. Mais gente foi morta por pessoas religiosas do que por quaisquer outras. Certamente, todas essas religiões eram falsas, pseudo.

A religião autêntica ainda não surgiu.

O que é religião? Qual é a sua opinião sobre religião organizada?

Religião é o voo mais alto da consciência humana — a busca individual pela verdade. A verdade interior não pode ser tornada um objeto de conhecimento comum. Cada pessoa tem de ir para dentro de si mesma; e toda vez há uma nova descoberta. Não importa quantas pessoas tenham alcançado o despertar, a compreensão; quando *você* os alcançar, será uma experiência totalmente nova, porque ela não pode ser emprestada.

A busca consiste, basicamente, em conhecer seu interior. Você tem um exterior, e nenhum exterior pode existir sem um interior: A própria existência do exterior é prova de um mundo interior.

O mundo interior consiste em três camadas: a dos pensamentos é a mais superficial; a dos sentimentos é mais profunda... e depois há o ser, que é sua divindade. Conhecer a própria divindade, conhecer a própria eternidade, é a busca básica da religião.

Todos os seus sentidos o conduzem para o exterior: os olhos se abrem para ver o exterior, os ouvidos ouvem o que está acontecendo no exterior, suas mãos podem tocar o que é exterior. Os sentidos são portas de saída, mas não se esqueça de que a porta que o leva para fora também o leva para dentro. É a mesma porta pela qual você sai da sua casa e pela qual entra. O que muda, é sua direção.

Para sair você precisa de olhos abertos. Para entrar, de olhos fechados, todos os sentidos silenciados. O primeiro encontro é com a mente — mas essa não é sua realidade. Embora a mente esteja dentro da sua cabeça, não é você — é o reflexo do exterior. Por exemplo, quem nasceu cego não pode pensar em cores, porque não as viu. Por isso esse reflexo não é possível. O cego não pode nem mesmo ver a escuridão. Como nunca viu luz, ou a escuridão exterior, não há nenhuma possibilidade de reflexo visual. Ele não sabe se há escuridão ou luz — essas duas palavras não fazem sentido para ele.

Se você analisar seus pensamentos, descobrirá que todos são desencadeados pela realidade exterior — portanto são, basicamente, externos, refletidos em seu lago de consciência interior. Mas esses pensamentos formam uma tremenda multidão em você; continuam a se acumular, criam a Muralha da China. Você tem de ir além dos pensamentos. A religião só conhece um método — há nomes diferentes, mas o método é um só: prestar atenção, testemunhar. Você simplesmente observa seus pensamentos sem nenhum julgamento — nenhuma condenação, nenhuma avaliação, totalmente distante —, só vê o processo dos pensamentos passando na tela de sua mente. À medida que seu observador se torna mais forte, os pensamentos se tornam menos, na mesma proporção. Se o observador é dez por cento da sua energia, então noventa por cento da sua energia são desperdiçados em pensamentos; se seu observador se torna noventa por cento, então somente dez por cento permanecem nos pensamentos. No momento em que você é cem por cento um observador, a mente fica vazia.

Todo esse processo é conhecido como meditação. Quando você passar pelos pensamentos, chegará à segunda camada dentro de você: a dos sentimentos e do seu coração. É uma camada mais sutil. Mas agora seu observador é capaz até mesmo de observar seu humor, seus sentimentos, suas emoções, suas sensações, por mais tênues que elas sejam. O mesmo método funciona da mesma maneira como funcionou com os pensamentos: logo não haverá nenhum sentimento, nenhuma sensação, nenhum humor. Você foi além da mente e do coração. Agora, há total silêncio, nada se move. Esse é o seu ser, esse é você.

O sabor de seu ser é de verdade. A beleza de seu ser é a beleza da existência. O silêncio de seu ser é a linguagem que essa existência entende. E simplesmente se estabelecendo no ser, você chega em casa. A perambulação terminou. A luta terminou. À vontade, você se acomoda em silêncio dentro de si mesmo. Um grande esplendor oculto lhe é revelado: você não está separado da realidade, uniu-se a ela. As árvores, a lua, as estrelas e as montanhas são, todas, parte de uma unidade orgânica; da qual você também é parte — você se tornou parte de Deus.

A religião é a mais alta conquista do homem. Para além da religião não há nada — mas também não há nenhuma necessidade. Seu ser é tão abundante, tão transbordante de bem-aventurança, silêncio, paz, compreensão e êxtase, que pela primeira vez a vida se torna realmente uma canção, uma dança, uma celebração. E aqueles que não conhecem a religião não conhecem a celebração.

Mas a religião organizada é algo totalmente diferente. Tenho de deixar claro para você que a religião autêntica é sempre individual. No momento em que a verdade é organizada, ela morre; torna-se uma doutrina, uma teologia, uma filosofia — não é mais uma experiência, porque a multidão não pode experimentar. A experiência só ocorre com indivíduos — separadamente.

Isso é quase como o amor. Você não pode ter organizações de amor, de modo que não precise se preocupar: a organização tomará conta, o sacerdote amará em seu favor. Mas é isso que acontece com a religião. A cada vez que um homem descobre a verdade, imediatamente é cercado por uma das partes mais astutas da humanidade, a dos sacerdotes. Eles começam a lhe compilar as palavras, a interpretá-las, e a deixar claro para as pessoas que se você quiser conhecer a verdade terá de ser através deles — eles são representantes de Deus. Chamam a si mesmos de profetas; também podem se chamar de mensageiros, e escolher qualquer nome, mas a verdade é que se autoproclamam representantes de Deus. Eles não conhecem Deus, mas exploram a humanidade em nome Dele.

> "Você pode ver isso: os sacerdotes e os políticos sempre conspiraram contra a humanidade."

A religião organizada é mais uma forma de política. Eu sempre condenei a política como a atividade mais baixa dos seres humanos, e tenho a mesma atitude em relação às religiões organizadas. Você pode ver isso: os sacerdotes e os políticos sempre conspiraram contra a humanidade. Eles têm apoiado uns aos outros. Dividiram a vida entre si, de modo que a vida mundana pertença ao político e seja governada por ele e a vida interior pertença ao sacerdote e seja governada por ele.

Algumas vezes, ficamos chocados! Parece inacreditável que em pleno século XX o papa pudesse declarar que é pecado se comunicar diretamente com Deus. Você deveria passar pelo sacerdote, o canal certo — porque, se as pessoas começarem a se dirigir diretamente a Deus, se confessar para Deus, rezar para Deus, os milhões de sacerdotes ficarão desempregados. Eles não fazem nada; sua única função é enganar as pessoas. Como você não entende a linguagem de Deus e não é tão evoluído, mediante um pagamento — um donativo para a igreja ou para o templo deles — farão o trabalho por você.

Todos esses donativos vão para os bolsos dos sacerdotes! Eles não sabem nada sobre Deus, mas são muito instruídos — são capazes de recitar as escrituras como papagaios. Mas em seu íntimo não anseiam por Deus, não pela verdade — são apenas buscadores, exploradores.

Eu ouvi falar de um sacerdote que comprou dois papagaios e lhes ensinou, com grande dificuldade, belas afirmações de Jesus Cristo. Todos ficaram realmente impressionados — os papagaios eram tão precisos! O sacerdote também lhes fez pequenos rosários para que estivessem constantemente rezando e encontrou pequenas Bíblias para eles. Os papagaios sempre mantinham suas Bíblias abertas e desfiavam seus rosários. Embora não pudessem ler, já recitavam tudo. O sacerdote abria a página e dizia: "Décima segunda página", e eles começavam a ler — não que estivessem lendo, eles haviam decorado.

O sacerdote estava muito satisfeito e achou que seria bom ter mais um papagaio. Em vez de aprender a Bíblia e o rosário, poderia lhe ensinar sermões inteiros. Ele encontrou um papagaio, e o dono da loja de animais comentou: "Seu desejo será realizado, este papagaio é o mais inteligente que eu já vi." Mas ele não sabia que era uma fêmea. Quando foi posta na mesma gaiola em que os outros dois papagaios contavam seus rosários e liam a Bíblia, ambos olharam para a fêmea e um disse para o outro: "George, largue esse rosário! Nossas preces foram atendidas."

Nossos sacerdotes não são mais do que papagaios, e suas preces são por poder, prestígio e dinheiro. Eles são políticos disfarçados, fazem política em nome de Deus — a política de números. Hoje em dia existem mais de 1 bilhão de católicos no mundo, e, naturalmente, o papa é o religioso mais poderoso do mundo.

Todas as religiões têm tentado aumentar seu número de fiéis com métodos diferentes. Os muçulmanos podem se casar com quatro mulheres para produzir quatro filhos por ano. E eles têm sido bem-sucedidos: são a segunda maior religião, depois do cristianismo.

A religião organizada é apenas um nome sem conteúdo e/ou significado, que esconde a política dos números. Você sabe muito bem que na Índia, quando a eleição está próxima, os políticos começam a visitar o *shankaracharya*. Durante cinco anos ninguém o visita, mas na época das eleições o primeiro-ministro vai até ele. Ele sai em uma peregrinação pelos templos, nos confins e no alto dos Himalaias. Para quê? Subitamente surge uma grande ímpeto religioso, que desaparece com o fim da eleição.

Essas pessoas precisam de votos; elas têm de prestar homenagem aos líderes religiosos. E um *shankaracharya* acha ótimo o primeiro-ministro lhe tocar os pés. Os discípulos do *shankaracharya*, os hindus, acham que "nosso primeiro-ministro é uma pessoa muito religiosa". Quando o papa vai à Índia, até mesmo o presidente e o primeiro-ministro, com todo o seu Gabinete, se alinham no aeroporto para recebê-lo. Para quê? A terceira maior religião na Índia nos dias de hoje é o cristianismo, e prestar homenagem ao papa significa que todos os votos dos cristãos serão seus.

As religiões organizadas — seja o cristianismo, o hinduísmo ou o islamismo — não têm buscado a verdade. Em pouco mais de dois mil anos, que verdade o cristianismo organizado acrescentou às afirmações de Jesus? Então, qual é a necessidade dessa organização? Ela não está aumentando a religiosidade no mundo, mas simplesmente repetindo o que Jesus disse, o que está disponível em livros para qualquer pessoa ler. Em 25 séculos, quantos budistas buscaram ou encontraram a verdade? Eles são apenas uma longa fila de papagaios, repetindo o que Gautam Buda descobriu.

"A verdade sempre foi encontrada por indivíduos. Isso é um privilégio do indivíduo, e sua dignidade."

É preciso lembrar que Gautama Buda não era parte de nenhuma religião organizada; Mahavira e Jesus também não — eles eram buscadores individuais. A verdade sempre foi encontrada por indivíduos. Isso é um privilégio do indivíduo, e sua dignidade.

As religiões organizadas — assim como os políticos — criaram guerras. Seus nomes podem ser diferentes: políticos lutam por socialismo, comunismo, fascismo, nazismo, e religiões organizadas lutam por Deus, amor e seu conceito do que é a verdade. Milhões de pessoas foram mortas em conflitos entre cristãos e muçulmanos, cristãos e judeus, muçulmanos e hindus, hindus e budistas.

Religião não tem nada a ver com guerra; é uma busca pela paz. Mas as religiões organizadas não estão interessadas em paz — estão interessadas em se tornar cada vez mais poderosas e dominantes.

Eu condeno as religiões organizadas do mesmo modo que condeno os políticos, porque as religiões organizadas não são nada além de políticas. Quando eu lhes disse que as pessoas religiosas deveriam ser respeitadas e honradas, não estava me referindo às religiões organizadas. Estava me referindo aos indivíduos religiosos. Um indivíduo religioso não é hindu, cristão ou muçulmano. Como pode ser? O próprio Deus não é hindu, muçulmano ou cristão. E o homem que sabe algo sobre o divino, se reveste de divindade, exala religiosidade. No velho Oriente essas pessoas religiosas eram nossas flores mais sublimes, e até mesmo reis e imperadores costumavam procurá-las para lhes tocar os pés e ser abençoados — pedir-lhes conselhos sobre problemas que não conseguiam resolver. Se quisermos que o mundo permaneça vivo, temos de trazer de volta o início dos nossos tempos, quando os religiosos não tinham nenhum interesse próprio. Era por isso que seus olhos eram límpidos, seu coração era puro amor e seu ser não era nada além de uma bênção. Quem quer que os procurasse, era curado, tinha seus problemas resolvidos, obtinha novos insights sobre velhos problemas

As religiões organizadas deveriam desaparecer do mundo. Deveriam deixar cair essa máscara de religiosidade. São simplesmente políticas, lobos em pele de cordeiro. Deveriam assumir seu verdadeiro aspecto, deveriam ser políticos. Não há nenhum mal nisso. E elas *são* políticas o tempo todo, mas estão jogando o jogo em nome da religião.

As religiões organizadas não têm nenhum futuro. Deveriam abandonar seu disfarce e realmente se mostrar como políticas, ser parte do mundo político, para podermos encontrar a religião individual autêntica — que é muito rara. Mas basta alguns indivíduos religiosos autênticos para levar o mundo na direção da luz, da vida imortal, da verdade suprema.

Qual o papel da renúncia em sua visão religiosa?

A ideia da renúncia é um dos princípios básicos de todas as pseudo-religiões. Sua fenomenologia tem de ser entendida muito profundamente. Todas as religiões pregam uma divisão entre este mundo e o mundo após a morte, entre corpo e alma. O corpo pertence a este mundo, a alma, ao outro, portanto, se você quiser alcançar o mundo após a morte, que é eterno e de felicidade eterna, então a felicidade neste mundo nem merece ser chamada de felicidade; ela é momentânea, é um sonho. Ela vem, e antes mesmo que você possa agarrá-la, já se foi. É ilusória, uma espécie de miragem no deserto.

A distância, você avista um lago. Está com sede e se enche de esperança. Pelo que você pode ver, o lago é totalmente real, porque a prova dessa realidade, de que aquela água está lá, é o reflexo das árvores nela. Há também o reflexo de uma montanha, ao lado, e o do sol. De que mais provas você precisa? Sem a água não haveria aqueles reflexos. Você corre com grande esperança, mas quando se aproxima descobre que o lago está recuando; a distância entre você e a água permanece a mesma.

Isso foi só uma ilusão criada pelos raios solares refletidos na areia quente do deserto. Quando os raios rolares se refletem nela, movem-se como ondas, e seu movimento distante cria a ilusão de água. E em seu movimento ondulante eles assumem a qualidade de refletir coisas; tornam-se como um espelho. Essa é uma metade da miragem.

A outra metade é sua sede. Se você não estivesse sedento, teria sido capaz de perceber, de descobrir que não era real. Você viu miragens antes, sabe que podem parecer reais — mas sua sede está lá. O fenômeno físico dos raios solares dá metade da realidade à imagem. A outra, a metade muito mais importante, é uma contribuição sua e da sua sede. Você quer acreditar que aquilo é verdade. Mesmo se alguém estivesse lá, tentando lhe provar que era um engano, você ficaria zangado, porque está com sede, a água está lá e aquela pessoa está tentando provar que a água é uma ilusão. Ela não sabe o que significa sede — talvez não esteja com sede. Não há como convencer um homem sedento de que aquilo que ele vê não é a coisa real.

Nem tudo que você vê é necessariamente real. Aparência não significa realidade. Há milhares de anos as religiões dizem às pessoas que a felicidade neste mundo tem a mesma natureza de uma miragem no deserto. É por isso que você nunca é capaz de agarrá-la. Você nunca segura a felicidade; ela vem e vai. Pode senti-la como uma brisa, mas quando se torna consciente de que ela está ali, ela já se foi. Talvez ela seja mais irreal do que a miragem. Uma miragem, pelo menos, tem alguma realidade — o reflexo dos raios solares contribui para a metade, e sua sede para a outra metade. Mas para sua suposta felicidade neste mundo você contribui com cem por cento; não há mais nada que contribua para algo.

E você sabe disso. Hoje uma mulher lhe parece tão bonita que você acha que Cleópatra não era nada, comparada a ela. Ela parece ser a mulher mais bonita que já existiu ou poderia existir no futuro. Você está projetando, porque a mesma mulher, para os outros, não é nada, e a mesma mulher, amanhã, também não será nada para você. Então, você ficará surpreso, chocado — o que aconteceu? O que aconteceu com a mulher? Nada aconteceu com a mulher; ela é a mesma pessoa; algo aconteceu com você.

Ontem você estava sedento, e a luxúria foi projetada. Hoje a luxúria está satisfeita, e agora não há nenhuma projeção biológica. Ela é uma mulher comum e a felicidade que você sentiu foi apenas uma projeção sua — você criou todo o jogo. A mulher, no máximo, fez o papel de uma participante inativa; permitiu que você se projetasse nela. Talvez ela também estivesse projetando algo em você, tornando isso uma projeção para os dois lados. Mais cedo ou mais tarde a projeção desaparecerá, porque projeções não podem durar quando o básico de sua realização não está presente.

O básico da realização está em sua biologia; e a biologia não se importa com o amor, a poesia, o romance ou nada — biologia significa negócio! A biologia não está interessada nas preliminares e no depois, puro desperdício; está interessada na reprodução. Quando a biologia já fez seu trabalho, ela recua; a projeção desaparece. Então, você está lá, a mesma mulher está lá — mas nada é mais igual. A felicidade que desapareceu, para onde foi? Você estava se sentindo como se estivesse no topo do Everest, e afundou nas profundezas do Pacífico. A mulher o enganou, ela acha que você a enganou, e ambos tentam se livrar um do outro. Um não foi enganado pelo outro — ambos foram enganados pela biologia. Mas a biologia não é algo fora de você; ela é inerente ao seu corpo. Você é uma projeção de duas outras biologias: as do seu pai e as da sua mãe, e elas eram uma projeção de duas outras biologias. Isso é um fluxo, como o correr de um rio.

As religiões tentaram explorar essa verdade fundamental. É verdade que romance e poesia são uma coisa, mas o assim chamado caso amoroso é apenas uma sombra da biologia. Então agora não é muito difícil certa injeção de hormônios criar toda a poesia e todo o romance. Outra injeção e você cai no Pacífico! Hoje sabemos que um homem pode se tornar uma mulher e uma mulher pode se tornar um homem; basta uma pequena mudança de hormônios, uma pequena mudança de química.

As religiões exploraram essa simples verdade. Isso é verdade, mas, em vez de explicá-la para você, eles a exploraram. Disseram: "Essa felicidade é momentânea. Não corra atrás dela; está perdendo seu tempo. O mundo real está além da morte." Por que além da morte? Porque a morte destruirá toda a sua biologia, fisiologia, química. A morte levará toda a matéria. Só restará o espírito, e o espírito conhece o eterno. A matéria só conhece o momentâneo.

Isso parecia muito lógico; a primeira parte é verdade. A segunda parte é fictícia. Sim, é verdade que momentos de felicidade nesta vida são muito fugazes, mas isso não significa que há uma vida após a morte em que esses momentos se tornam eternos. Não há nenhuma evidência disso. Pelo menos esses momentos estão lá, são experimentados por todos. Por mais que possam ser pequenos e fugazes, eles existem. Ninguém pode negar sua existência. Você pode dizer que eles são feitos da mesma matéria dos sonhos — mas ainda assim estão lá. Até mesmo os sonhos têm uma realidade própria. Eles estão lá, eles o afetam; e quando algo o afeta, se torna real.

Por exemplo, você está com fome. Não conseguiu comer nada o dia inteiro; está cansado, cai no sono. Agora o corpo está com fome e quer comida. A mente cria um sonho maravilhoso em que você é um convidado em um grande banquete. A mente o está servindo, porque, se a mente não criar o sonho, seu sono será perturbado. A fome está ali — de algum modo, você tem de ser convencido de que está comendo, de que não está com fome. Seu sono permanece imperturbado. O sonho está fazendo algo real.

> "Sim, é verdade que momentos de felicidade nesta vida são muito fugazes, mas isso não significa que há uma vida após a morte em que esses momentos se tornam eternos."

Como algo irreal pode fazer algo real? Isso não é possível, mas um sonho tem existência própria. Sim, ele é um pouco diferente de uma pedra, mas uma rosa também é. O sonho é até mesmo mais diferente, mas o afeta, afeta sua vida, afeta seu estilo de vida. E esses efeitos são reais.

Portanto, uma coisa a ser lembrada: há prazeres momentâneos, experiências fugazes de felicidade e explosões súbitas de alegria nesta vida — mas você não pode se apegar a elas. Mantê-las presas. Não pode torná-las permanentes. E por conta do fato de que é impossível torná-las permanentes, as religiões o exploram. Essa é uma estratégia muito engenhosa. Você quer mantê-las permanentes, seu maior desejo é ser feliz para sempre, não conhecer a dor, a tristeza, a angústia — nunca! Quer estar sempre no paraíso — é o seu desejo. E as religiões exploram isso. Elas dizem: "Há um lugar assim, mas você não pode obter nada sem pagar por isso." Parece algo perfeitamente matemático, econômico. As religiões começaram a ensinar que você tem de sacrificar esta vida se quiser alcançar o mundo permanente do paraíso, que está além da morte. E isso custa muito pouco, porque aquilo que você sacrifica é apenas momentâneo, ocasionais experiências fugazes.

Se você juntar todos os momentos de felicidade nos 70 anos de sua vida, talvez não esteja certo nem mesmo de sete que foram da natureza do êxtase.

Em 70 anos de vida nem sete momentos? Então, o que você tem feito aqui — torturado a si mesmo e aos outros? Sim, você não pode encontrar nem sete momentos porque a natureza desses momentos é tal que quando eles estão presentes o dominam totalmente, o possuem — sim, essa é a palavra certa —, eles o possuem totalmente. Mas quando eles se vão, o abandonam tão totalmente quanto o possuíram, deixando apenas uma lembrança. E por quanto tempo você pode viver com uma lembrança que se revelou tão ilusória?

Depois de alguns dias você passa a duvidar de que aquilo aconteceu ou começa a pensar: "Eu estava só imaginando?" Porque, em toda a sua experiência de vida, aquele momento é muito contraditório: os anos passam e, então, um momento talvez... e isso também não está em suas mãos. Você não pode escolher quando e onde acontecerá. Então, os anos passam e um certo momento que permaneceu se torna apenas uma lembrança... Aos poucos, até mesmo a fumaça da lembrança começa a desaparecer.

"Durante milhares de anos encontraram o melhor negócio, melhor do que qualquer outro: vender-lhe o paraíso, e por quase nada."

Por isso, mesmo se você pergunta a um homem de 70 anos, ele não sabe dizer se houve ao menos sete momentos de felicidade pura. E à medida que você envelhece, há cada vez menos possibilidade daqueles momentos. Há cada vez mais desilusão, desapontamento. No futuro, só há morte e escuridão, e no passado não há nada além de ilusão.

As religiões tiveram um belo espaço através do qual decidiram exercer sua exploração — e se saíram bem em todo o mundo. Durante milhares de anos encontraram o melhor negócio, melhor do que qualquer outro: vender-lhe o paraíso, e por quase nada. Tudo que pedem é: "Renuncie a esta vida momentânea e o mundo eterno do êxtase será seu." Foi a partir disso que a renúncia se tornou uma crença básica: quanto mais você renuncia, mais se torna merecedor, e mais pode ter certeza de que está chegando mais perto. Então, as pessoas têm tentado renunciar a tudo.

Mahavira ia ser rei. Seu pai estava velho, e constantemente lhe pedia: "Agora deixe que eu me aposente. Estou cansado; e você está pronto, é jovem, bem-educado — eu estou perfeitamente satisfeito. Onde poderia encontrar um filho melhor do que você? Apenas se prepare para me substituir." Mas Mahavira tinha outras ideias. Enquanto era educado pelos sacerdotes e monges, eles envenenavam sua mente. Diziam que se ele pudesse renunciar ao reino "o reino de Deus seria seu". Quanto maior a renúncia, maior a recompensa, claro. Era por isso que os 24 grandes mestres dos jainas eram todos reis.

Eu tenho perguntado aos monges jainas: "Qual é o segredo disso? Não havia mais ninguém no país que pudesse se tornar um grande mestre — um guerreiro, um brâmane, um estudioso, alguém? Por que somente reis? Eles não têm nenhuma resposta. Eu costumava lhes dizer: "Não estou lhes pedindo a resposta, porque já a tenho. Só estou lhes fazendo a pergunta para que comecem a pensar sobre isso."

A resposta é simples: como renunciaram ao reino, a maior recompensa tinha de ser deles. Um homem pode renunciar ao que tiver — mas o que ele tem? Até mesmo no paraíso ele viverá em algum lugar na periferia da cidade. Não será admitido dentro, porque lhe perguntarão: "Ao que você renunciou? Antes de tudo, o que ele tinha a que pudesse renunciar?" Então, é claro que os reis ficarão muito perto do palácio de Deus; depois virão os bilionários, os milionários, a classe média e, em seguida, a camada social mais baixa e aqueles que não tinham nada a que renunciar — eles já estavam sem nada. De fato, eles já deveriam estar ao lado de Deus, porque não tinham nada. Mas ficarão fora dos limites do paraíso; não conseguirão mostrar seu saldo bancário no outro mundo.

Todos os avatares hindus são reis: Rama, Krishna... Buda também é um rei. É estranho que essas pessoas sejam atraídas apenas por reis, mas se você entender a estrutura, a estratégia do sacerdote, isso fica claro: foram eles que renunciaram mais, e por isso lhes foi prometido mais. Ninguém sabe se eles obtiveram algo após a morte ou não, mas a ideia se tornou muito arraigada pelo simples motivo de que há a mínima verdade nela: nesta vida tudo é momentâneo.

Para mim, não há nada de errado em ser momentâneo. De fato, ser momentâneo é o que torna tudo tão excitante e extasiante. Torne algo permanente e isso morrerá. De manhã, a rosa se abre, tão fresca, com gotas de orvalho ainda nas pétalas, tão perfumada! Você não consegue imaginar que à noite essas pétalas virarão pó e a rosa desaparecerá. Gostaria que ela fosse permanente, mas então precisaria de uma flor de plástico; uma flor de verdade não servirá.

Uma flor de verdade tem de ser momentânea. Para ser de verdade tem de ser momentânea; somente coisas de plástico podem ser permanentes.

> "Uma flor de verdade tem de ser momentânea. Para ser de verdade tem de ser momentânea; somente coisas de plástico podem ser permanentes."

O plástico é uma descoberta nova. Não era conhecido por Buda, Mahavira, Maomé ou Jesus, mas posso lhe dizer que o paraíso deve ser feito de plástico. Se existe um paraíso, só pode ser de plástico, porque o plástico possui a qualidade de não morrer; é imortal. Agora os cientistas estão preocupados — principalmente os ambientalistas — porque o plástico é tão barato que continua a ser descartado. O vidro não era tão barato; as pessoas guardavam as garrafas ou as devolviam às lojas, e recebiam seu dinheiro de volta. O plástico é tão barato que tudo que é feito de plástico é descartável; usado uma vez e descartado. Mas não se sabe para onde ele vai. Acumula-se nos oceanos, nos leitos dos rios, nos lagos subterrâneos, e não há como a natureza dissolvê-lo, porque a natureza não está preparada para isso, não foi feita para dissolver o plástico.

Se Deus criou o mundo, certamente não sabia tudo. Pelo menos uma coisa ele não sabia: que um dia existiria o plástico. Ele não criou nada na natureza, nenhuma substância química, que possa dissolver o plástico. Por isso, o plástico continua a se acumular. Logo haverá tanto que acabará com a fertilidade da terra, envenenará as águas. Nada pode destruí-lo; ele destruirá tudo.

No paraíso hindu, as *apsaras*... Como traduzir a palavra *apsara*? Elas são acompanhantes dos grandes sábios que vivem no paraíso. Eles precisam de acompanhantes, claro. Essas acompanhantes, essas *apsaras*, são as mais belas; têm de ser. Permanecem jovens para sempre — o que me faz supor que são de plástico. Ficam estacionadas na idade de 16 anos durante milhões de anos. Na mente indiana, 16 anos é o início da maturidade feminina, por isso elas permanecem com essa idade.

As *apsaras* não transpiram; Mahavira, Buda, Jesus e Maomé não tinham a menor ideia do que eram desodorantes, por isso a única coisa que eles puderam conceber foi que aquelas jovens que serviam aos sábios não deviam transpirar. Mas se seu corpo é feito de plástico, você não transpira; caso contrário a transpiração é absolutamente necessária. E aquelas jovens não envelheciam, não morriam.

Nada morre no paraíso, nada envelhece, nada muda; esse deve ser um lugar totalmente entediante. Dá para imaginar o tédio onde tudo permanece igual todos os dias? Não há nenhuma necessidade de jornais lá. Eu soube que certa vez foi publicado um — uma edição, em um dia — e foi suspensa porque, depois disso, nada aconteceu! Eles descreveram tudo na primeira edição, que também foi a última.

O desejo de permanência é de algum modo doentio; mas ele existia, por isso, durante séculos, as empresas religiosas; sim, eu as chamo de empresas — cristã, hindu e islâmica — foram muito bem-sucedidas em seu negócio. Ainda são, e seu negócio nunca terminará, pelo simples motivo de que elas vendem mercadorias invisíveis. Tiram de você coisas visíveis e lhe dão coisas invisíveis, nas quais você tem de acreditar.

Eu me lembrei de uma história: um rei havia conquistado todo o mundo e estava muito inquieto. "E agora, o que fazer?" Ele achava que quando tivesse conquistado o mundo, descansaria. Nunca havia pensado que ficaria tão inquieto; nunca estivera tão angustiado. Enquanto lutava, constantemente invadindo e seguindo em frente — porque sempre havia um lugar para onde ir, algum inimigo para destruir, algum país para conquistar —, não havia nenhum espaço ou tempo para ficar inquieto; ele estava ocupado demais. Mas agora que tinha conquistado todo o mundo estava totalmente perturbado. "E, agora, o que fazer?"

Um vigarista ficou sabendo dessa situação. Ele foi ao palácio, pediu uma audiência com o rei e disse:

— Eu tenho um remédio para a inquietude.

Imediatamente foi levado para dentro, porque todos os médicos haviam falhado. O rei não conseguia dormir ou permanecer sentado, ficava andando de um lado para o outro, sempre preocupado. Ele perguntava:

— E, agora, o que fazer? Não há outro mundo? Descubram! Vou conquistá-lo.

Esse vigarista se apresentou na corte diante do rei e disse:
— Não se preocupe. Você é o primeiro homem a conquistar todo o mundo. É digno de receber as vestes do próprio Deus — e eu posso providenciar isso.
Essa foi uma grande ideia. O rei imediatamente ficou interessado. Ele disse:
— Comece a trabalhar! As roupas de Deus... Elas já estiveram na Terra?
O homem respondeu:
— Não, nunca, porque ninguém era digno delas. Essa é a primeira vez. Eu as trarei do paraíso para você.
O rei disse:
— Todos os preparativos devem ser feitos. Quanto isso custará?
— Elas não têm preço; ainda assim, milhões de rúpias serão necessárias, mas isso não é nada.
O rei disse:
— Não se preocupe, dinheiro não é um problema. Mas não tente me enganar.
— De modo algum. Eu ficarei no palácio, e pode cercá-lo com seu exército. Vou trabalhar aqui. É claro que meu quarto não deverá ser aberto até eu bater na porta por dentro. Você pode trancá-la por fora, para estar totalmente certo de que não terei como escapar. Mas o dinheiro que eu lhe pedir deve ser enviado para a pessoa cujo nome eu lhe disser. Isso não levará mais de três semanas.

E ao longo das três semanas ele pediu milhões de rúpias. Todos os dias dizia um nome. De manhã, de tarde, de noite.
— Imediatamente! Urgente!
O rei sabia a dimensão do trabalho... E o homem não tinha como enganá-lo. Para onde ele poderia ir? Estava trancado dentro do quarto. E, certamente, não havia escapado. Após três semanas, o homem bateu na porta por dentro, e ela foi aberta. Ele saiu com uma caixa enorme e linda. Havia entrado no quarto com a caixa, dizendo:

— Eu terei de levar a caixa comigo para pôr as roupas que tenho de lhe trazer.

Para não ser enganado, o rei tinha aberto a caixa para ver se ele estava carregando roupas nela. Estava vazia, não houve nenhum engano, por isso, a caixa lhe foi devolvida.

Então o vigarista saiu e disse:

— A caixa será aberta na corte diante de todos os sábios, dos eruditos, dos generais, da rainha, do rei, do príncipe, da princesa — todos têm de estar presentes, porque essa é uma ocasião única. O homem devia ser realmente corajoso — os vigaristas sempre são.

Quando toda a corte havia se reunido, ele chamou o rei.

— Aproxime-se, venha cá. Eu abrirei a caixa. Dê-me seu turbante. Eu o colocarei na caixa, porque foi o que fui instruído a fazer: primeiro, colocarei seu turbante dentro e, depois, pegarei o turbante que Deus lhe deu, e o darei a você. Ponha-o em sua cabeça.

— Mais uma coisa — declarou ele para a corte. — Estas vestes são divinas, por isso somente aqueles que realmente nasceram de seus pais poderão vê-las. Os bastardos não as verão. Não posso fazer nada, essa é a condição.

Mas todos disseram:

— Não há nenhum problema nisso. Nós nascemos dos nossos pais.

O turbante do rei foi à caixa e o vigarista tirou sua mão vazia de dentro. Ele disse para o rei:

— Veja que beleza de turbante!

Sua mão estava vazia, mas toda a corte começou a bater palmas, todos tentando superar uns aos outros, gritando que aquele era o mais belo turbante que já haviam visto.

Então o rei pensou: "Se eu disser que a mão dele está vazia, serei o único bastardo, e todas essas pessoas realmente nasceram de seus pais. Então é melhor eu ficar quieto.

Na verdade, todos estavam na mesma situação. Eles viam a mão vazia, mas quem o diria, pois seria condenado, quando todos os outros estavam vendo algo na mão do vigarista? Começaram a suspeitar: "Talvez eu seja um bastardo, então, é melhor ficar calado. Para que ser desnecessariamente condenado por todas as pessoas?" Então eles começaram a gritar mais alto elogios à beleza do turbante.

O rei colocou o turbante que não existia. Não só o turbante, mas uma a uma as outras roupas começaram a desaparecer. Finalmente, só restou a roupa de baixo. O rei pensou por um momento: "E agora, o que fazer?" Mas era tarde demais para recuar. "Se eu vi o turbante, vi a camisa e a capa, por que não posso ver a roupa de baixo? Agora é melhor que eu a veja. Não há como recuar. Esse homem..."

O homem estava segurando nas mãos a roupa de baixo invisível e a mostrava para eles.

— Olhem quantos diamantes há na roupa de baixo!

Toda a corte estava aplaudindo, dizendo:

— Essa experiência nunca aconteceu em toda a história da humanidade.

A roupa de baixo do rei também foi para a caixa. Mas aquele era um vigarista e tanto! Ele disse:

— Quando eu estava vindo, Deus me disse: "Essas roupas vão entrar no mundo pela primeira vez, por isso diga ao rei para, quando as usar, saia em uma procissão, por toda a capital para que todos possam ver. Caso contrário, os pobres nunca poderão vê-las." A carruagem está pronta, por favor, venha.

Agora, a cada passo, era mais difícil recuar. O rei começou a pensar: "Seria melhor se eu tivesse parado a coisa toda no turbante — mas agora é tarde demais. Se eu disser que estou nu... mas toda a corte está aplaudindo."

E eles começaram a dizer:

— Sim, senhor, isso está certo; se Deus pediu, tem de ser feito. E esse é o modo certo de exibir as roupas.

As ruas estavam apinhadas de gente, porque a notícia de que as roupas de Deus estavam chegando havia se espalhado. E o rei concordou. Nu, ficou em pé em sua carruagem. Na frente dele, o homem anunciava:

— Estas roupas só serão vistas por aqueles que nasceram de seus próprios pais.

> "Com mercadorias invisíveis, é muito fácil explorar as pessoas, forçá-las a fazer coisas contra si mesmas."

Então todos as viram, exceto uma criança pequena, que havia vindo com o pai. Sentada nos ombros dele, ela disse:

— Papai, o rei parece estar nu.

Seu pai disse:

— Fique quieto, seu tolo! Quando você crescer, poderá ver todas aquelas roupas. Isso exige certa maturidade; somente uma criança como você não pode ver as roupas. Fique quieto, se quiser vê-las. Desde o início eu não queria vir com você aqui.

Mas a criança não conseguiu resistir e disse, repetidamente:

— Mas eu o vejo claramente, nu.

O pai teve de fugir da multidão com a criança, porque, se o ouvissem, isso significaria que o filho não era dele, mas de outra pessoa.

Com mercadorias invisíveis, é muito fácil explorar as pessoas, forçá-las a fazer coisas contra si mesmas — e é isso que é renúncia. Uma vigarice, cometida pelo sacerdote em nome de Deus, da verdade, *moksha*, nirvana. Seus nomes podem ser diferentes, mas o sacerdote é o maior vigarista do mundo. Outros vigaristas são apenas criminosos insignificantes. Em que podem enganá-lo? Mas o sacerdote, o profeta, o messias, o avatar o *tirthankara* — esses são os supervigaristas. Eles vendem coisas que ninguém viu, e jamais verá. Não há uma única testemunha de sua existência. Ninguém voltou da morte e disse: "Sim, existe beleza eterna, alegria eterna, silêncio eterno, paz eterna." O negócio continua porque ninguém pode contradizê-lo. Se você o contradiz, está errado, porque todo mundo acredita nisso.

Mas há certa verdade que eles tentaram estabelecer em sua estratégia de exploração: na vida tudo é momentâneo. Não há nada nenhuma mentira nisso; tem de ser assim. Se não fosse, a vida seria intolerável. As coisas mudam, e é bom que mudem; caso contrário, morreriam. A mudança as mantém vivas.

Você muda constantemente. Lembra-se do dia em que deixou de ser criança e se tornou um jovem adulto, ou de quando ficou velho? Você não pode traçar uma linha entre quando era criança, quando era adolescente, quando se tornou um homem jovem, quando entrou na meia-idade, quando ficou velho. Você pode traçar essa linha? Não, porque você muda a cada momento; é um processo contínuo. Você muda desde que foi concebido. No útero da sua mãe, naqueles nove meses, mudou muito; mais do que mudará em 90 anos de vida. Se lhe mostrarem fotos dos seus nove meses de vida uterina, você não se reconhecerá. Ou acha que sim? Você mudou totalmente, e muda a cada momento — não só você, tudo ao seu redor muda. Todas as estrelas estão se movendo e mudando. Todos os dias estrelas morrem e desaparecem — podem ter existido durante milhares de anos —, e outra estrela nasce. Todos os dias isso acontece.

> "A vida é um fluxo, um movimento. Não há nada de errado com isso. Aprecie cada momento que surge e passa."

A vida é um fluxo, um movimento. Não há nada de errado com isso. Aprecie cada momento que vem e vai. Saboreie-o quanto puder, porque é passageiro — então, não perca tempo pensando. Não comece a pensar que é passageiro. Não se preocupe com o que acontecerá no futuro, se o momento permanecerá ou não; e não pense no passado. Enquanto o momento durar, extraia-lhe todo o sumo. Tire a última gota dele. Então, o que importa se permanecerá ou passará? Se permanecer, saboreie-o. Se passar... bem, saboreie outro momento.

Por que você deveria insistir no desejo de que esse momento se torne permanente? Como sabe que momentos melhores não virão? Apenas um momento antes você não teria pensado neste momento. E, quem sabe, quando este momento passar, outro melhor poderá estar a caminho. De fato estará, porque, se você tirou a última gota dele, aprendeu algo de tremenda importância que usará no próximo momento.

A cada momento sua maturidade aumenta. A cada momento você se torna mais centrado, mais no presente, mais consciente, mais alerta, mais capaz de viver. Então, quem se importa com a morte? Nós vamos apreciá-la quando morrermos. A morte também é um momento na vida. Ela não é o fim da vida, mas apenas um momento de transformação, porque nada pode morrer. Você não pode destruir nada; as coisas só mudam de forma, de aspecto.

A ciência é capaz de destruir Hiroshima, Nagasaki, todo o mundo — mas não realmente. Não pode destruir um único pedaço de pedra. Não pode destruí-lo totalmente, não pode aniquilá-lo; ele ainda estará lá. Sim, você pode mudar a forma, mas não há forma de acabar com sua existência.

Nada morre, nada nasce. Nascimento simplesmente significa que a forma que você possuía não é esta forma, mas uma outra, por isso não pode reconhecê-la. Não pode nem mesmo reconhecer fotos suas no útero da sua mãe, não pode reconhecer a foto de quando tinha 3 meses de idade, 6 meses, 9 meses. Tudo está mudando constantemente.

A morte é uma grande transformação.

Você pergunta qual é o lugar da renúncia na minha religião. Antes de eu lhe responder, há mais uma coisa a ser observada:

essa ideia de renúncia se tornou tão arraigada em toda a humanidade que até mesmo as pessoas que negaram a existência da vida após a morte também usaram a mesma lógica. A lógica se tornou quase universal.

Por exemplo, na Índia havia uma escola ateísta chamada Charvakas. Vale a pena entender a palavra *charvaka*. Seus inimigos — todas as religiões são inimigas dos charvakas — queimaram todos os livros deles, de modo que não há um único disponível. Tudo que nós sabemos, é de escrituras hindus, jainas e budistas criticando os charvakas. Então podemos imaginar o que aquelas pessoas diziam, mas não podemos ter total certeza. E as pessoas que destruíram as escrituras charvakas eram todas religiosas. Talvez também tenham matado muitos deles, porque hoje não há um único charvaka na Índia. E todas as escrituras são tão contra os charvakas que, ao que parece, eles foram uma tremenda força. Caso contrário, por que criticá-los quando não há ninguém que siga sua filosofia?

Todas as três religiões constantemente criticavam os charvakas e apresentavam argumentos contra eles. Essa deve ter sido uma filosofia muito popular. E de fato ainda é uma filosofia poderosa em todo o mundo, mas como as pessoas são hipócritas, não a reconhecem. Apenas preste atenção à filosofia deles e verá que de 100 pessoas, noventa e nove por cento são charvakas. Elas podem ser cristãs, hindus e muçulmanas, não importa, são apenas máscaras.

Então as escrituras do inimigo descrevem o significado da palavra *charvaka* como: coma, beba e seja feliz. Charvaka significa alguém que acredita em comer, comer e comer — através de todos os sentidos. Não posso dizer que os charvakas disseram isso, mas é possível. As escrituras do inimigo citam os charvakas como dizendo: "Mesmo se você tiver de pegar dinheiro emprestado, não se preocupe, mas beba, coma, seja feliz. Continue a pegar dinheiro emprestado, porque, após a morte, nem você estará aí para pagar, nem ninguém lhe perguntará: 'Onde está meu dinheiro?' Tudo termina com a morte, por isso não ligue para esses sacerdotes que dizem que você sofrerá de seus karmas. Divirta-se de todos os modos possíveis. Não perca uma diversão. Só existe este mundo." Esse é o significado dado pelos inimigos, mas uma escritura do inimigo — que deve ter sido escrita por uma pessoa muito liberal — revela que esse é o significado dado pelos inimigos, por nós. Mas os charvakas têm um significado diferente para seu nome. Significa alguém que tem uma filosofia doce — esse é um significado possível da mesma palavra —, alguém que profere palavras doces como mel. E, certamente, eles as proferem. Mas também estão presos à mesma lógica.

As pessoas religiosas dizem: "Renuncie a este mundo se quiser se regozijar no além." E os charvakas dizem: "Renunciem àquele mundo se quiserem se rejubilar neste." Mas a lógica é a mesma. Eles a seguiram de ângulos diferentes, mas ambos lhe pedem para renunciar a um, pelo outro. Os charvakas dizem para renunciar ao outro mundo; não existe nenhum Deus, nenhum nirvana, nenhum paraíso — renuncie a isso. Isto é tudo que existe, portanto, aproveite.

Na Grécia, Epicuro tinha a mesma filosofia, e seguiu a mesma lógica. Até mesmo Karl Marx seguiu essa lógica: não existe outro mundo. O primeiro esforço é para negar o outro mundo, somente assim você pode desfrutar deste. Então, primeiro, deve demolir o outro mundo: não existe nenhum Deus, nenhum paraíso, nenhum céu, nada. Não existe nenhuma alma para sobreviver; tudo se extingue com seu corpo. Você não é nada além de seu corpo, sua química, sua biologia, sua fisiologia, tudo junto — um subproduto de todas essas coi-

> "A vida continua a existir, mas não há nenhuma necessidade de chamar isso de 'o outro mundo'. É o mesmo mundo, a mesma continuidade."

sas. Isso é como um relógio que para de funcionar — não significa que uma alma move os ponteiros. Apenas separe as peças e não encontrará nenhuma alma, apenas certo arranjo das partes. Monte-o de novo, e ele voltará a funcionar. Karl Marx disse: "A consciência é apenas um subproduto, não tem uma existência independente." Então, quando o corpo morre, a consciência desaparece.

Por que essa insistência em negar o outro mundo? Pelo simples motivo de que, se não o negar, você não poderá desfrutar deste.

Mas, por favor, note que meu ponto de vista é totalmente diferente dos dessas pessoas — as religiosas, as antirreligiosas, as teístas, as ateístas. Não pertenço a nenhum desses grupos. Eu lhe digo que a vida continua a existir, mas não há nenhuma necessidade de chamar isso de "o outro mundo". É o mesmo mundo, a mesma continuidade. O Ganges nasce nos Himalaias como apenas um riacho. À medida que vai descendo, cachoeiras e riachos se juntam a ele, tornando-o cada vez maior. Quando sai dos Himalaias, é um vasto rio. Você não pode conceber que seja o mesmo rio. Pode ver de onde ele vem. Como os hindus adoram a vaca como uma mãe, criaram na origem do Ganges uma cara de vaca de pedra. O Ganges cai sobre a cara, muito pequeno, diminuto.

Quando o Ganges chega a Varanasi, você não pode acreditar em seu tamanho. E quando, perto de Kokata, se encontra com o oceano, ele se torna quase oceânico. Ali você não consegue determinar o que é o oceano; ele é tão vasto! O rio deságua no oceano; onde permanece. Para onde pode ir? Sim, ele não é mais um rio — talvez um pouco de água possa evaporar para as nuvens, talvez um pouco de água possa se tornar gelo ao se mover na direção do Ártico — mas ele perdurará, nada está perdido.

Então não diga que você tem de renunciar a qualquer coisa: a este mundo por aquele, ou àquele mundo por este. Você não tem de renunciar a nada.

Você tem de viver! Viver intensa e plenamente, onde quer que esteja, o que quer que você seja.

E se aproveitar totalmente este tempo, este espaço, esta oportunidade à sua disposição, você certamente irá na direção de uma consciência mais elevada. Sairá ganhando, aprenderá, entenderá, se tornará mais consciente. A vida continuará. Qual forma assumirá, superior ou inferior, se ela se moverá na direção de mais angústia ou mais êxtase, dependerá da sua consciência — mas este momento depende de você. Por isso eu não lhe digo para renunciar a este mundo.

De certo modo, sou um homem estranho, porque sou contra as religiões. As pessoas religiosas na Índia têm escrito livros e artigos contra mim — e comunistas também.

Certa vez eu estava viajando e o presidente do Partido Comunista da Índia, S. A. Dange, estava na mesma cabine. Seu genro tinha acabado de escrever um livro contra mim. Ele me perguntou:

— Leu o livro que meu genro escreveu contra você?

Eu respondi:

— Estou tão envolvido em viver que não me importo com quem escreve contra mim. E qualquer um que escreva contra mim deve ser um tolo, porque está perdendo seu tempo. Deveria viver! Ou, se quisesse escrever, deveria escrever sobre si mesmo. E por que eu deveria ler essa droga? Ele é seu genro — por isso você pode querer ler o livro. Eu não estou interessado.

Ele estava pronto para me dar o livro. Eu disse:

— Jogue isso pela janela, porque foram escritos muitos livros contra mim. Não posso perder meu tempo. — E prossegui: — Só para sua informação, é estranho, mas pessoas religiosas escrevem contra mim, e antirreligiosas, comunistas, fazem o mesmo. Isso nunca tinha acontecido.

Mas o motivo é que eu estou tentado a apresentar um ponto de vista totalmente novo, que contraria toda a velha lógica. Ambos são parceiros no mesmo jogo, e estou procurando destruir todo o seu jogo, toda a lógica.

Ambos acreditam que temos de renunciar a um mundo; qual deles, é outra questão. Mas em um ponto eles concordam: temos de renunciar a um mundo. Os religiosos dizem que é a este por aquele, os comunistas que é aquele por este — é só nisso que discordam. Mas a lógica básica é similar: só podemos ter um mundo. E eu digo: por que não podemos ter todos? Não vejo nenhum conflito. Eu estou tendo ambos. E segundo minha experiência, quanto mais você tem deste mundo, mais terá daquele, porque se tornará mais experiente.

Se existe um paraíso, uma coisa é certa: seus monges não serão capazes de desfrutar dele. Do que desfrutarão? Durante todas as suas vidas denunciaram e condenaram mulheres, e lá encontrarão belas acompanhantes. Eles ficarão bem nervosos; muitos terão ataques cardíacos. Aqui eles renunciam: você não deveria comer comida com sabor, sabor é apego à comida — e lá lhes servirão a comida mais saborosa; eles vão vomitar. Toda a sua experiência de vida será contra isso.

> "Eu não lhe apresento uma ideia fixa porque, se eu apresentar uma ideia fixa, serei seu inimigo; eu o tornarei uma pessoa fixa, inflexível, rígida, morta. Seja flexível para poder se mover em qualquer dimensão que se torne disponível."

Somente meu povo pode desfrutar totalmente do paraíso. Os religiosos não podem, porque enfraqueceram ou destruíram sua capacidade de desfrutar. Os comunistas também não, porque não abrirão seus olhos. Eles têm negado a existência de qualquer coisa após a morte. Manterão seus olhos fechados para continuar convencidos de que não há nada; caso contrário toda a sua filosofia de vida se revelará errada. É melhor manter os olhos fechados .É isso que as pessoas fazem: se algo o contradiz, qualquer fato, você tenta evitá-lo; ele é perturbador. Os comunistas ficarão cegos; eles não podem aceitar a ideia de que Karl Marx e *O Capital* estão errados. E os religiosos serão os mais perturbados no paraíso; encontrarão dificuldades por toda parte. Ao que parece, pode haver divisões no paraíso. O paraíso dos muçulmanos parece diferente do paraíso dos hindus, dos cristãos e dos jainas — talvez zonas diferentes sejam destinadas a tipos diferentes de pessoas.

Somente meu povo conseguirá se mover em qualquer zona. Ele se encaixará em qualquer lugar, porque não tem uma rotina de vida fixa, um estilo de vida fixo. Tudo que eu lhe ensino é a ser flexível, livre, aberto a novas experiências, novas explorações. Por isso, meu povo não se fixará em uma zona. Usará todas as zonas e apreciará todas as vistas do paraíso; ninguém pode impedi-lo disso.

É possível ter os dois mundos — então, por que cercear as pessoas? Torne esta vida uma experiência, uma escola, um aprendizado, uma disciplina, porque algo desconhecido vai se revelar após a morte, e você tem de estar pronto de todos os modos possíveis. Não perca nenhuma oportunidade de viver. Quem sabe que tipo de vida você terá após a morte?

Eu não lhe apresento uma ideia fixa, porque, se eu apresentar uma ideia fixa, serei seu inimigo; eu o tornarei uma pessoa fixa, inflexível, rígida, morta. Seja flexível para poder se mover em qualquer dimensão que se torne disponível.

Em minha religião não há lugar para a renúncia.

A palavra sânscrita para renúncia é *sannyas,* porque a renúncia se tornou tão importante a própria palavra *sannyas* foi usada para ela. Mas eu lhe dei um significado novo. As pessoas que chamam a renúncia de *sannyas* querem dizer por *sannyas* "o modo certo de renunciar à vida". Por *sannyas* eu quero dizer "o modo certo de viver a vida".

A palavra *sannyas* pode significar as duas coisas. Quando pode significar o modo certo de viver, por que cercear as pessoas, limitar sua vida, acabar com sua naturalidade, sua espontaneidade? Por que não ajudá-las a vivenciar o máximo possível de aspectos de suas vidas, o máximo possível de dimensões abertas para elas? Meu *sannyasin* é multidimensional. Toda a vida é sua. Ame-a, viva-a em sua plenitude. Esse é o único modo de se preparar para a morte. Então você poderá viver a morte também, em sua plenitude; essa é uma das experiências mais belas. Não há nada comparável com a experiência da morte em vida, exceto a meditação profunda.

Portanto, aqueles que conhecem a meditação conhecem algo da morte — esse é o único modo de conhecê-la antes de morrer.

Se eu digo que não há nenhuma experiência na vida mais significativa do que a morte, não o digo porque morri e voltei para contar, mas porque sei que na meditação você entra no mesmo espaço da morte — porque na meditação você não é mais sua fisiologia, não é mais sua biologia, não é mais sua química, não é mais sua psicologia. Todas essas coisas são abandonadas. Você se torna seu centro mais íntimo, onde só há pura consciência. Essa pura consciência estará com você quando você morrer, porque não pode ser tirada. Todas as coisas que podem ser tiradas, nós tiramos, com nossas próprias mãos, na meditação. Portanto, a meditação é uma experiência de morte em vida. E é tão bela, tão indescritivelmente bela, que só uma coisa pode ser dita sobre a morte: que ela deve ser essa experiência multiplicada por milhões. A experiência da meditação multiplicada por milhões é a experiência da morte.

E quando você morre, simplesmente deixa sua forma para trás. Você está absolutamente inteiro, e pela primeira vez fora da prisão da fisiologia, da biologia, da psicologia. Todos os muros são quebrados e você está livre. Pela primeira vez pode abrir suas asas para o existencial.

CAPÍTULO 2

A pior profissão do mundo

Bertrand Russell, em sua autobiografia, faz uma afirmação muito profunda. Ele diz: "Se a miséria no mundo terminar, todas as religiões também acabarão. É a miséria que as mantém vivas." Ele fala de um ângulo muito diferente. Era ateu; queria que todas as religiões desaparecessem.

Eu não sou ateu. Também quero que todas as religiões desapareçam, mas por um motivo diferente. Ele queria que as religiões desaparecessem porque achava que eram prejudiciais à evolução humana. Eu quero que as religiões desapareçam para que a religiosidade possa ter todo o espaço que está sendo ocupado por elas. As religiões têm sido prejudiciais ao progresso da religiosidade, e para mim a religiosidade é a flor mais alta da evolução.

A própria existência de 300 religiões no mundo, definitivamente, indica que o homem não compreende o verdadeiro espírito da religião. Não pode haver 300 químicas — nem mesmo três —, não pode haver 300 matemáticas. Sobre o mundo objetivo, sabemos claramente que a ciência é uma, e que só pode haver uma, sem nenhum adjetivo ligado a ela.

Seria muito estúpido dizer ciência hindu, ciência islâmica, física cristã, matemática jaina. Mas é isso que tem acontecido com a religião. E religião é sua própria alma, sua própria interioridade, sua subjetividade. Como é possível que haja tantas religiões? Só pode haver uma religiosidade. Eu nem mesmo chamarei isso de religião, pelo simples motivo de que, quando você usa um nome, faz com que o desenvolvimento daquilo fique estagnado. "Religião" significa algo que parou. "Religiosidade" significa algo em contínuo desenvolvimento, florescendo, revelando novos espaços e segredos, com os quais você nunca havia sonhado.

> *"Eu não sou ateu. Também quero que todas as religiões desapareçam, mas por um motivo diferente."*

Religiosidade é o próprio rio da existência. Não conhece início, não conhece fim.

O que você sabe até agora em nome da religião não é nada mais do que auto-hipnose. A verdadeira religião está se tornando livre de toda a hipnose. Então Deus não é uma pessoa, Deus é o todo, Deus é a soma geral de toda esta existência. Há um surpreendente fluxo de vitalidade, porque, aonde quer que você vá, encontrará o divino. Então este mundo, esta vida, adquire grande beleza. Quando a vida se torna tão bela, saiba que a religiosidade surgiu em sua vida; ela começou, a primeira gota de religiosidade caiu.

Uma história antiga. Um jovem demônio corre para seu chefe, tremendo, e diz para o velho demônio:

— Algo tem de ser feito imediatamente, porque um homem na Terra descobriu a verdade! E quando as pessoas conhecerem a verdade, o que acontecerá com a nossa profissão?

O velho riu e disse:
— Sente-se, descanse e não se preocupe. Tudo vai se resolver. Nosso povo está lá.
— Mas — disse o jovem demônio —, eu estou vindo de lá e não vi um único demônio.

O velho disse:
— Os líderes religiosos são o meu povo! Eles já cercaram o homem que descobriu a verdade. Agora se tornarão os mediadores entre o homem da verdade e as massas. Erguerão templos, escreverão escrituras, interpretarão e distorcerão tudo. Eles pedirão às pessoas para adorar, rezar. E em meio a todo esse tumulto, a verdade será perdida. Esse é o meu velho método, e sempre funcionou.

Os líderes que representam a religião não são amigos dela. São seus maiores inimigos, porque a religião não necessita de mediadores: entre você e a existência há uma relação imediata. Tudo que você tem de aprender é a entender a linguagem da existência. Você conhece as linguagens do homem, mas elas não são a linguagem da existência.

A existência só conhece uma linguagem, e é a do silêncio.

Se você também ficar em silêncio, poderá entender a verdade, o significado da vida, a importância de tudo que existe. Não há ninguém que possa interpretá-la para você. Todos têm de descobri-la sozinhos. Ninguém pode fazer o trabalho por você — mas é o que os sacerdotes fazem, há séculos. Como uma Muralha da China, eles estão entre você e a existência.

Se as pessoas começarem a se aproximar da realidade sem que alguém as conduza, sem que alguém lhes dê um mapa a ser seguido, milhões serão capazes de entender a existência — porque nossos batimentos cardíacos também são os batimentos cardíacos do universo, nossa vida é parte da vida do todo.

> "A existência só conhece uma linguagem, e é a do silêncio."

Nós não somos estrangeiros, não estamos vindo de algum outro lugar; estamos crescendo dentro da existência. Somos parte dela, uma parte essencial dela. Só temos de ficar silenciosos o suficiente para ouvir o que não pode ser expresso em palavras: a música da existência, a imensa alegria da existência, a constante celebração da existência. Quando ela começa a penetrar em nosso coração, a transformação vem.

Esse é o único modo de alguém se tornar religioso — não indo a igrejas, que são feitas pelo homem; não lendo escrituras, que são feitas pelo homem.

Mas os líderes têm fingido que suas escrituras sagradas foram escritas por Deus. A própria ideia é simplesmente idiota. Apenas examine as escrituras e não encontrará nenhuma assinatura de Deus nela. Você encontrará coisas que Deus não escreveria por nenhum motivo. Os hindus acreditam nos Vedas, acreditam que foram escritos pelo próprio Deus e que são os livros mais antigos que existem; mas nenhum hindu se dá o trabalho de examiná-lo. Se Deus os escreveu, haverá algo imensamente valioso... mas noventa e nove por cento dos Vedas são apenas bobagens — tantas que isso prova que não foram escritos por Deus.

Por exemplo, uma oração de um sacerdote... Por que Deus deveria escrevê-la? A oração é sobre as vacas dele não estarem dando leite suficiente "Tenha misericórdia de mim, aumente o leite das minhas vacas." Não só isso: "Diminua o leite das vacas de todos os outros!"

Deus vai escrever isso? "Mate meus inimigos e ajude meus amigos", e até mesmo coisas estúpidas como "As chuvas estão vindo; faça a água atingir meus campos e não o campo do meu vizinho, porque pertence ao meu inimigo. Despeje sua água apenas no meu campo."

Por que Deus deveria escrever uma coisa dessas?

Cada escritura apresenta evidências intrínsecas de ter sido escrita por homens — e homens muito estúpidos, primitivos. As assim chamadas escrituras sagradas nem devem ser consideradas boa literatura — são infantis, cruas, feias. Como foram escritas em línguas mortas... E algumas foram escritas em linguagens nunca usadas por pessoas comuns, como, por exemplo, os Vedas. Era a linguagem dos brâmanes eruditos, a linguagem dos sacerdotes, e eles relutavam muito em que fosse traduzida porque sabiam que assim os textos perderiam toda a sua santidade. As pessoas veriam que essa bobagem não era nem mesmo ímpia, quanto mais sagrada!

As escrituras são feitas pelo homem, as estátuas de Deus são feitas pelo homem, os templos e as igrejas são feitos pelo homem, mas milhares de anos de condicionamento lhes conferiram certa sacralidade, santidade. E não há nada de sagrado nelas

Os líderes religiosos têm enganado o homem mais do que ninguém. Essa é a pior profissão do mundo, pior ainda do que a das prostitutas. Pelo menos a prostituta lhe oferece algo em troca; o sacerdote lhe oferece apenas conversa fiada — ele não tem nada a lhe oferecer.

E isso não é tudo. Sempre que alguém se dá conta da verdade, esses sacerdotes ficam contra ele. Obviamente que têm de ficar, porque, se essa verdade for reconhecida pelas pessoas, milhões de sacerdotes no mundo ficarão desempregados. E seu desemprego é totalmente improdutivo. Eles são parasitas, continuam a sugar o sangue do homem. Desde o momento do nascimento até o da entrada no túmulo o sacerdote continua a encontrar modos de explorá-lo.

A menos que a religião seja liberta das mãos dos sacerdotes, o mundo permanecerá apenas com pseudo-religiões; nunca se tornará religioso. E um mundo religioso não pode ser tão infeliz: o mundo religioso deveria ser uma constante celebração. Um homem religioso não é nada além de puro êxtase. Seu coração está repleto de canções, todo o seu ser está pronto para dançar a qualquer momento.

Mas os líderes religiosos têm suprimido a busca pela verdade. Eles dizem que não há necessidade de buscá-la, que ela já foi encontrada; você só precisa ter fé.

> "Os sacerdotes têm enganado o homem mais do que ninguém."

Os líderes religiosos têm tornado as pessoas infelizes, porque condenam todos os prazeres deste mundo. E fazem isso para poder relevar os prazeres do outro mundo. O outro mundo é a ficção deles. E eles querem que a humanidade sacrifique sua realidade por uma ideia fictícia — e as pessoas têm sacrificado.

Os sacerdotes são inimigos de todos que amam a verdade, buscam a verdade ou encontraram a verdade. Quanto mais você se aproxima da verdade, mais o sacerdote é seu inimigo. Você está perturbando os clientes dele, e atrapalhando os negócios. Para ele, religião é negócio.

As igrejas cristãs na América são contra mim pelo simples motivo de que muitos homens e mulheres jovens conseguiram sair de debaixo de suas asas. Meu povo não pertence a nenhuma religião. Eles são religiosos, e para ser religioso você não tem de pertencer a nenhuma religião. Religiosidade é uma qualidade, uma fragrância da sua consciência. Não tem nada a ver com pertencer a uma organização, seguir princípios fixos e obsoletos estabelecidos por pessoas que morreram há muito, muito tempo.

Vendo isso de um modo diferente: em nome da religião, os mortos estão dominando os vivos; ditando normas sobre como deveríamos viver. Eles não sabem nada sobre as vastas mudanças que ocorreram desde que morreram. Nós estamos vivendo em um mundo totalmente diferente, em um tempo totalmente diferente, e precisamos todos os dias de uma consciência espontânea para reagir à realidade. Continuamos fracassando porque nossa reação não é espontânea — a realidade é nova, e nossa reação tem milhares de anos. Nosso fracasso é absolutamente certo. E o fracasso constante cria infelicidade à vida.

A humanidade é uma só, mas os sacerdotes não querem que isso aconteça, porque, se toda a humanidade se unificar, abandonará os adjetivos "cristão", "judeu", "hindu", ou "muçulmano", causando-lhes prejuízo. Eles têm uma profissão muito bem paga e não estão fazendo nada além de criar problemas, conflitos entre diferentes religiões.

> *"Em nome da religião, os mortos estão dominando os vivos; estão ditando normas sobre como deveríamosviver."*

Você acaba corrompido até mesmo entrando em contato com eles. A profissão deles é a mais vil e repulsiva do mundo.

Grande parte da minha mente católica tem ficado tensa com a luta por poder, por aprovação, por amor, por sexo. A meditação acirra a frustração. O que é "apenas olhar"?

A mente, qualquer tipo de mente — católica ou comunista, judia ou jaina —, é igual. A mente é uma doença, e todas as mentes criam uma prisão ao seu redor. Há diferentes tipos de prisões; suas arquiteturas são diferentes, elas são feitas de materiais diferentes. Algumas são feitas de pedra, outras, de tijolos, ou de madeira, e assim por diante, mas isso não importa. O material não é importante — você está aprisionado. A mente católica tem conceitos diferentes, a mente hindu se baseia em uma ideologia diferente, mas todas as mentes precisam de uma ideologia. Até mesmo o ateu vive em uma prisão, embora não acredite em Deus. Ele acha que é um descrente, mas não é. A descrença é sua crença. Ele descrê fanaticamente, do mesmo modo como os crentes creem, às vezes ainda mais fanaticamente, porque as pessoas que creem em Deus se lembram de Deus apenas de vez em quando, talvez aos domingos — é uma religião de domingo —, mas o ateu continuamente contesta Deus. Ele se lembra de Deus continuamente.

Há uma história muito bonita nas escrituras hindus.

Quando Narada, um devoto — um grande devoto —, estava morrendo, Deus apareceu para ele. Essas coisas costumavam acontecer no passado. Não acontecem mais. E Deus lhe perguntou o que ele gostaria, se tinha algum desejo a ser satisfeito na próxima vida. Ele disse: "Sim, eu quero nascer ateu."

Até mesmo Deus ficou intrigado. Lembre-se de que essas coisas costumavam acontecer no passado; agora não acontecem mais. Deus disse: "O quê? Você quer ser ateu? Um homem tão religioso, um grande devoto que está sempre proclamando o meu nome?

Narada disse: "Sim, porque, embora eu seja um devoto, continuamente me esqueço do senhor. Mas tenho visto ateus que nunca se esquecem do senhor. É por isso que da próxima vez quero ser um ateu, para poder me lembrar continuamente. Não quero mais me esquecer do senhor nem por um momento. Agora o senhor é apenas um dos itens em minha mente, mas parece que para o ateu o senhor preenche todo o coração — embora o negue, ele se lembra do senhor. Então me conceda uma bênção: que eu nasça ateu, para poder falar continuamente sobre o senhor."

Essa é uma bela história que afirma, de modo muito simbólico, que o ateísta e o teísta não estão em barcos diferentes.

O comunista contradiz Deus. Agora, ele não

> "O credo do fanático é: 'Nós estamos certos, e não seja distraído pelos fatos — o que quer que os fatos digam com certeza está errado.' O credo do fanático é: 'Nós já concluímos o que é verdade. Agora os fatos têm de se encaixar no nosso credo, e não o contrário.'"

tem nenhum negócio com Deus, nada a ver com Deus. Por que Karl Marx estava preocupado com Deus? Deus não tem nada a ver com economia, não é uma teoria econômica. Mas Marx estava constantemente obcecado. Negava repetidamente Deus, como se Ele o estivesse assombrando.

Todos esses são fanáticos. Crentes, ateus, hindus, muçulmanos, cristãos — todos são fanáticos. O credo do fanático é: "Nós estamos certos, e não seja distraído pelos fatos — o que quer que os fatos digam, com certeza, está errado." O credo do fanático é: "Nós já determinamos o que é verdade. Agora os fatos têm de se encaixar no nosso credo, e não o contrário."

Todas essas assim chamadas ideologias criaram pessoas muito mutiladas. É claro que a mente católica é uma das mais mutiladas e paralisadas no mundo, porque é repressiva — e sempre que reprime algo, você acaba se tornando repulsivo. O que é reprimido, permanece. Não só permanece, como se torna mais poderoso a cada dia. Acumula energia. Se você o expressa, isso evapora.

Por exemplo, um homem que se enraivece de um modo comum, como todo mundo faz — se você o insulta, ele se enraivece —, não é uma pessoa perigosa, porque nunca acumulará raiva a ponto de se tornar uma ameaça. Mas um homem que fica reprimindo a raiva está sentado em cima de um vulcão. Um dia o vulcão pode entrar em erupção; ou o homem cometerá suicídio ou assassinato — nada menos que isso.

É por causa das religiões repressivas que existe tanta pornografia no mundo. A pornografia existe por causa dos líderes religiosos, não das revistas *Playboy*. De fato, *Playboys* são apenas subprodutos dos sacerdotes. A pornografia existe simplesmente porque o sexo tem sido tão reprimido que precisa encontrar um caminho para ser exercido, um escape. E quando você reprime o sexo, ele começa a traçar jornadas pervertidas. Pode encontrar um viés político — mas não é nada mais do que sexualidade, sexualidade reprimida. É por isso que em todos os exércitos do mundo o sexo é reprimido. E os soldados americanos têm estado constantemente em dificuldades, pelo simples motivo de que é a primeira vez que qualquer exército tem permissão para um escape sexual. Os soldados americanos não podem vencer; sua derrota é certa. O que quer que façam e aonde quer que forem, serão derrotados, pelo simples motivo de que são um fenômeno novo no mundo — eles não são reprimidos sexualmente. Não podem vencer os russos — não puderam nem mesmo vencer os vietnamitas. Os pobres vietnamitas venceram uma das maiores forças militares que já existiram em toda a história da humanidade, pelo simples motivo de que, se o sexo é reprimido, um homem se torna muito perigoso, realmente perigoso — ele ferve por dentro. Quer bater com força, quer ser violento. E a pessoa sexualmente satisfeita não está realmente interessada em matar. De fato, todas as pesquisas das forças armadas americanas mostram que pelo menos trinta por cento dos soldados não usaram suas armas na guerra; trinta por cento é uma grande porcentagem! E se trinta por cento dos soldados não usam suas armas, simplesmente vão todos os dias para a frente de batalha e voltam sem matar ninguém, como vão vencer? Eles não estão interessados em matar, não há nenhum desejo de matar.

> "A pornografia existe simplesmente porque o sexo tem sido tão reprimido que precisa encontrar um caminho para ser exercido, um escape."

A matança só ocorre se o sexo está muito reprimido. Um fato estranho é que sempre que havia uma sociedade muito rica e livre sexualmente, ela era destruída por sociedades mais pobres, retrógradas e repressivas. Esse foi o destino da civilização grega, o destino da civilização romana, o destino da civilização hindu. E esse será o destino da civilização americana. É muito estranho que quanto maior é a evolução de uma sociedade, mais ela é vulnerável a ser facilmente destruída pelos menos evoluídos, porque os menos evoluídos são mais repressivos — eles são mais tolos, são mais estúpidos; ainda continuam a dar ouvidos aos sacerdotes.

São pessoas tolas, e pessoas tolas são pessoas perigosas. São capazes de vencer qualquer um porque reprimem tanta, tanta sexualidade que tudo acaba a um passo de explodir. Qualquer pequeno motivo bastará.

Essas são as pessoas responsáveis por todos os estupros no mundo. Essa é a experiência das minhas *sannyasins* na Índia. Elas me amam muito, esse é o motivo de estarem aqui sofrendo tanto. Realmente é um sacrifício estar aqui, porque, em todos os lugares para onde elas vão, são observadas com olhos muito ávidos pelos assim chamados hindus religiosos cultos, como se eles estivessem lá apenas para destruí-las. E sempre que essas pessoas têm qualquer chance de atingi-las, as empurram, fazem tudo de ruim que podem. As mulheres têm sido molestadas, estupradas. E esses são os grandes hindus, os grandes religiosos hindus — esse é o grande povo espiritual do mundo! Mas isso é corriqueiro; não vejo nenhuma contradição.

Isso é repressão. Na primeira chance, ela vem à tona.

Você me pergunta: "Grande parte da minha mente católica tem ficado tensa..." Não pode ser diferente. Você terá de cortar esse mal pela raiz. Não pode conservar nada. Não tente conservar nada, porque está tudo contaminado. Você diz: "Minha mente tem ficado tensa com a luta por poder..." Certamente

> "Se o sexo é reprimido, começa a se mover em outras dimensões. Torna-se um grande desejo de poder. Se o sexo é reprimido, você começa a precisar de aprovação; esse é um substituto pobre para o amor, para o apreço".

que sim. Se o sexo é reprimido, ele começa a se mover em outras dimensões. Torna-se um grande desejo de poder. Se o sexo é reprimido, você começa a precisar de aprovação; esse é um substituto pobre para o amor, para o apreço. E agora que está aqui, está se tornando consciente de que há grande necessidade de amor, mas tem medo — sua mente católica é contra o amor. A mente católica diz: "Ame somente a Deus."

Agora, como você pode amar a Deus? Isso é um total disparate. Você tem de amar seres humanos; esse é o único modo de amar a Deus. Amar incondicionalmente, amar sem exigências. Mas você tem de amar as pessoas ao seu redor — são formas disponíveis de Deus; você não pode amar o que não tem forma. Ame a Deus incondicionalmente, ame sem exigências. "Ame a Deus", dizem, "e evite o homem." Agora, eles estão ensinando às freiras: "Ame Cristo", e as freiras são chamadas de "noivas de Cristo". Que besteira! O pobre homem nunca foi casado, e agora muitas freiras estão casadas com ele, as "noivas de Cristo". Então é claro que elas começam a imaginar, projetar, e depois suas mentes começam a lhes pregar peças. Se você examinar a história dos mosteiros e conventos na Idade Média, vai ficar surpreso. Há registros de milhares de casos de freiras estupradas pelo Demônio e seus discípulos; não só isso, as freiras costumavam, inclusive, a apresentar episódios de gravidez psicológica. Quanta imaginação! Quando uma mulher imagina, é capaz de imaginar coisas bizarras. Os homens não têm tanta imaginação, mas as mulheres podem realmente imaginar coisas. Mulheres confessavam nos tribunais. E o que esses tribunais faziam? Tribunais compostos por bispos, arcebispos, papas. Esses tribunais queriam saber dos detalhes; de fato, apreciavam o máximo possível de detalhes de como o Demônio fazia amor com as freiras. Se você examinar os detalhes, os considerará mais pornográficos e mais obscenos do que tudo que já foi escrito. Essas freiras tinham de confessar, e confessavam coisas estranhas: que o Demônio vinha à noite e fazia amor com elas, e elas eram absolutamente incapazes, incapazes... elas não podiam fazer nada. O que podiam fazer quando o Demônio vinha e as possuía? Todos os tipos de perversões sexuais surgiram nos mosteiros. O sexo jamais teria se tornado pervertido se não fosse pelos mosteiros e conventos. E todo o mundo é dominado por um ou outro tipo de perversão.

É preciso abandonar toda essa mente. Você diz: "A meditação acirra a frustração." De fato, haverá frustração. Mas isso não tem nada a ver com meditação; a meditação simplesmente lhe traz a sua realidade, e esse encontro é frustrante. Ver a feiura de sua própria mente o faz se sentir frustrado. Mas não se preocupe. A meditação traz à tona tudo que está reprimido em você; que terá de passar por isso. Se você souber que está lá, poderá abandoná-lo; se não souber, como poderia? Antes de algo poder ser abandonado tem de ser conhecido, bem entendido. De fato, entendê-lo perfeitamente é o único modo de abandoná-lo.

E no dia em que você abandoná-lo totalmente sua mente se libertará de todos os líderes religiosos. Os líderes são as pessoas mais astutas do mundo, e também as mais tolas, porque somente as pessoas tolas são astutas. As pessoas inteligentes nunca o são. Elas não precisam ser astutas — basta-lhes a inteligência. Quando você não tem inteligência, precisa substituí-la por astúcia; você tem de aprender os recursos da astúcia.

Mas lembre-se de que todos esses líderes religiosos — católicos ou protestantes, hindus ou muçulmanos — e todos esses eruditos são pessoas estúpidas, mas têm dominado a humanidade e a reduzido a uma grande massa de estupidez. Fuja disso!

> "A meditação certamente trará à tona tudo que tem sido feito com vocês ao longo dos séculos, mas isso não pode ser evitado."

A meditação certamente trará à tona tudo que lhe foi feito ao longo dos séculos, mas isso não pode ser evitado. Se você quiser evitá-lo, permanecerá o mesmo. Tem de passar pela dor de ver todas essas coisas feias que estão em seu coração. Mas é melhor ver e passar por isso, de modo a poder encontrar sua essência mais íntima, sua própria inteligência intrínseca e sua própria consciência perdida.

Uma vez liberto dos líderes religiosos você está livre da estupidez. Então, você não é nem católico, nem cristão, nem hindu e nem muçulmano. É simplesmente um ser humano, e grande beleza surge em você.

Um líder religioso foi a uma loja de animais comprar um papagaio. Foi-lhe mostrado um especialmente bonito que lhe agradava admirar, mas ele ficou intrigado com dois cordões presos aos pés da ave.

— Para que são? — perguntou ao gerente da loja.

— Ah, bem — respondeu ele —, esse papagaio tem uma característica muito incomum. Veja bem, ele é treinado, pertencia a um circo. Se você puxar o cordão no pé esquerdo, ele dirá "Olá", e se puxar o corão no pé direito, ele dirá "Adeus".

— E o que acontecerá se eu puxar os dois cordões ao mesmo tempo?

— Eu cairei do poleiro, seu idiota! — gritou o papagaio.

Até mesmo os papagaios são muito mais inteligentes do que os líderes religiosos, os políticos e as pessoas que o têm dominado. Livre-se delas. A meditação é um processo de se livrar de todo o passado, de todas as doenças e de toda a purulência que você acumulou. Isso é doloroso, mas purifica, e não há outro modo de se purificar.

Por que o mundo está tão doente hoje? Por que a infelicidade e a tensão estão aumentando?

A doença do mundo hoje, a crescente infelicidade e tensão, é o resultado de todas as ideias idiotas que dominaram a humanidade no passado. Isso estava destinado a acontecer — todas as religiões são responsáveis por isso, são a causa da infelicidade, do sofrimento e da angústia de toda a humanidade. O que elas fizeram, intencionalmente ou não, é a causa da infelicidade, do sofrimento e da angústia de toda a humanidade. Vamos pensar nas causas mais fundamentais, uma a uma.

A primeira: todas as religiões têm imposto a ideia de que Deus criou o mundo e Deus é onisciente, onipotente e onipresente. Ele sabe tudo, Ele é todo-poderoso, está em toda parte. Essa ideia impediu o homem de fazer qualquer coisa na vida para torná-la bela e melhor. Quando alguém que sabe tudo é todo-poderoso e onipresente está cuidando do mundo, o que *você* pode fazer? O quão longe você pode ver? Qual pode ser a sua contribuição? Se Deus é o criador do mundo, você não poderá melhorá-lo. Se fizer qualquer coisa, só poderá prejudicá-lo. Você não pode informá-lo; você não pode ser mais sábio do que Deus.

Essa ideia é uma das causas mais básicas de toda a angústia pela qual a humanidade está passando, e talvez na qual possa perecer. Apenas pense: do modo como eu vejo isso, não há nenhum Deus criando o mundo, cuidando do mundo. Não jogue essa responsabilidade em alguém que não existe. Somos *nós* que estamos aqui; e somos, de todos os modos, responsáveis por aproveitar ou perder essa oportunidade. Remova Deus e ponha o homem em seu lugar e você terá um mundo totalmente diferente.

> "Todas as religiões lhe têm ensinado a se esquivar de sua responsabilidade: 'Ponha-a em Deus!' E não há nenhum Deus."

O sofrimento é absolutamente indesejado; a angústia é nossa estupidez. O homem pode ter uma vida tremendamente rica, feliz, extasiante. Mas a primeira coisa a fazer é aceitar sua responsabilidade.

Todas as religiões lhe têm ensinado a se esquivar de sua responsabilidade: "Ponha-a em Deus!". E não há nenhum Deus. Você não faz nada porque acha que Deus fará tudo —, e não há nenhum Deus para fazer nada. Então, o que mais você pode esperar? O que aconteceu, acontece e acontecerá é o resultado natural dessa ideia de um criador.

Se fosse dito ao homem: "Esta é a sua existência, você é responsável pelo que é, pelo que faz e pelo que acontece ao seu redor. Amadureça. Não seja infantil"... Mas esse Deus não permite que você amadureça. A "divindade" de Deus depende de sua imaturidade, sua infantilidade. Quanto mais ingênuo e estúpido você for, maior será Deus. Quanto mais inteligente você for, menor será Deus. Portanto, essa existência está aí, você está aí — então crie! Mas "o Criador" não permite que *você* se torne o criador.

Toda a minha abordagem é para que você se torne o criador. Você precisa liberar suas energias criativas. E isso só será possível se esse Deus, que não é nada além de um Godot de Beckett, for removido, totalmente removido, da sua visão de vida. Sim, no início você se sentirá muito vazio, porque esse lugar de Deus em você era preenchido: durante milhões de anos ele estava lá; o lugar sagrado em seu coração era preenchido pela ideia de Deus. Agora, subitamente se livrando disso, você se sentirá vazio, com medo, perdido. Mas é bom se sentir vazio. É bom sentir medo. É bom estar perdido, porque essa é a realidade, e o que você sentia antes era apenas ficção. Ficções não podem ajudar muito, podem lhe dar um pouco de consolo, mas o consolo não é uma coisa boa.

O que é necessário é transformação, não consolo. O que é necessário é o tratamento de todas as doenças que você carrega, não conforto. Então a primeira coisa é: remover Deus. Não espere por nenhum Godot. Não existe nenhum. Nunca existiu nenhum.

Nas palavras de Friedrich Nietzsche... Eu discordo dele, mas minha discordância é totalmente diferente da discordância de outros que discordam. Nietzsche disse: "Deus está morto." É claro que os cristãos discordaram, os muçulmanos discordaram, os hindus discordaram, os budistas discordaram — todos se opuseram a Nietzsche. Eu também me oponho a ele, mas meu motivo para discordar é que Deus não está morto, porque Ele nunca existiu. Até mesmo dizer "Deus está morto" é aceitar que Ele estava lá e agora não está mais. Não — para começar, Ele nunca esteve! O homem tem vivido dominado por uma ficção.

E essa situação, essa infelicidade, essa tensão crescente... A tensão é tanta que agora, nos países mais desenvolvidos, o segundo maior fator causador de morte não é uma doença, mas suicídio. A pessoa se sente tão tensa, dia após dia, que não parece haver nenhuma saída. A angústia continua a aumentar, e ela não consegue nem mesmo saber o motivo. Por que estamos sofrendo? Por que deveríamos estar sofrendo, o que fizemos? A própria vida parece não ter valor.

Chega um ponto na vida do homem inteligente em que ele vê que tudo isso é inútil, sem sentido. Então, por que continuar insistindo? Por que não acabar com isso, por que não se livra disso? Não lhe proporcionou nada além de sofrimento; não lhe proporcionará nada além de sofrimento. Sim, há um ópio em algum lugar, a esperança: "Talvez amanhã as coisas sejam diferentes. Talvez, se não hoje, amanhã, você possa vir a ter um momento de felicidade." Mas mesmo assim isso não parece valer a pena. Uma caravana tão longa de sofrimentos e de vez em quando um momento em que você consegue sorrir, gargalhar. E depois que você sorri, o momento se foi. Talvez esse momento também tenha sido fruto de sua imaginação. Apenas para seguir em frente, você começa a sonhar coisas que não estão realmente lá; você só *queria* que estivessem.

Na verdade, essa é a função do sonho. Você sabia? Isso é uma estranha descoberta da psicologia moderna. Durante séculos nós pensamos que os sonhos eram inúteis, apenas uma perturbação na noite. Ter um sono sem sonhos tem sido considerado um objetivo saudável. Há 10 mil anos a yoga ensina que o sono sem sonhos é a mais bela experiência. Você pode pôr fim a seus momentos de sono sem sonhos sem que isso lhe cause mal algum, mas não pode pôr fim aos seus sonhos.

Se você dorme oito horas por dia, durante quase duas horas seu sono é sem sonhos — em fragmentos, um total de duas horas —, e durante seis, com sonhos. Agora sabemos que isso foi testado. Há aparelhos que indicam se a pessoa está sonhando ou não. Mesmo sem aparelhos, é possível observar as pálpebras e saber imediatamente. Se os olhos da pessoa estão se movendo sob as pálpebras, é porque ela está sonhando — vendo coisas, movimento. Se os olhos estão estáticos — imóveis, com as pálpebras sem mostrar nenhum movimento sob elas, isso significa que os sonhos cessaram. Não é preciso nenhum aparelho sofisticado. Mas agora temos aparelhos sofisticados que traçam um gráfico quando a pessoa está sonhando e quando ela não está, como um cardiograma.

Algumas pessoas tiveram o sono perturbado quando estavam sonhando; foram imediatamente acordadas. Só lhes foi permitido essas duas horas de sono sem sonhos. Na manhã seguinte, essas pessoas estavam totalmente exaustas, indiferentes, sem nenhum desejo, nem mesmo de viver. Isso foi estranho, porque todas as antigas tradições yogas na Índia, no Tibete e na China — escolas diferentes e pessoas diferentes de modo algum conectadas umas com as outras — sempre haviam dito: "Se você puder dormir por duas horas sem sonhar, isso será o suficiente para sustentá-lo e revitalizá-lo." Descobriu-se que não era verdade. Mas se você interrompe essas duas horas quando as pessoas não estão sonhando e lhe permite ter aquelas seis horas de sonho, na manhã seguinte elas acordam renovadas, rejuvenescidas, cheias de vida e vigor, ansiosas por viver.

Quando isso foi descoberto, foi um choque para as pessoas. Para elas, os sonhos são absolutamente necessários. Por qual motivo? Elas não foram capazes de responder. Nunca serão capazes de encontrar essa resposta, porque o motivo só pode ser encontrado através da meditação profunda, não há outro modo de encontrá-lo. Por meio de experimentos psicológicos, nunca serão capazes de encontrar o motivo.

Mas por meio da meditação, algo acontece que não envolve sonhos ou sono. Nenhum dos dois está lá; nem o sonho nem o sono. Você está totalmente desperto. O corpo entra rapidamente em um profundo estado de repouso, mas sua consciência está totalmente clara. Não há nenhum sono. Por dentro, você é como uma chama acesa, está atento, desperto, observando — observando que não há nada para observar! O corpo está adormecido, e não há nada para observar. Exceto o observador. Você só pode observar o observador. Você só pode prestar atenção ao observador. Só pode ter consciência da sua consciência. Mas não há nenhum sono, nenhum sonho. E de manhã você está tão renovado quanto é possível estar.

Os psicólogos não serão capazes de entender isso; eles ainda não são capazes, nem nunca serão, a menos que comecem a seguir na direção da meditação. E não parece haver nenhum sinal de movimento deles nesse sentido. De fato, eles se opõem muito à meditação, e posso entender por quê. Eles se opõem muito à meditação porque ela pode dissolver todos os problemas e todas as suas ansiedades psíquicas, desse modo dissolvendo toda a profissão do psicólogo.

Assim como o sacerdote teme que Deus seja posto em dúvida, o político teme que o sacerdote seja posto em dúvida, porque, se Deus for posto em dúvida, o sacerdote já era, seu sacerdócio acaba. E há milhões de sacerdotes no mundo: hindus, católicos, judeus, rabinos, pastores, missionários, pânditas, imames, *shankaracharyas* — milhões de sacerdotes no mundo que dependem de um conceito único de Deus. Abandone essa ideia e todas essas pessoas desaparecerão. Agora elas têm grande prestígio, poder.

> "Assim como o sacerdote teme que Deus seja posto em dúvida, o político teme que o sacerdote seja posto em dúvida."

Deus não está lá. E, com Ele, o Espírito Santo desaparece, o Filho desaparece. Deus é o foco central de toda a ficção. Remova essa ideia e todo o castelo de cartas simplesmente ruirá. Basta um pequeno sopro.

O psicólogo teme a meditação. Hoje em dia a psicologia é uma grande profissão. Freud sozinho criou toda a profissão, toda a ciência. Ele tinha muito medo da meditação, um medo tremendo. Jung, seu discípulo mais íntimo e, no início, seu possível sucessor, temia tanto a meditação que quando ia à Índia, em qualquer lugar que fosse — e ele foi a Khajuraho, ao Taj Mahal, a Fatehpur Sikri, a lugares antigos —, lhe era sugerido "Você deveria ir a Aruachal, no Sul da Índia, bem no Sul. Há um homem, Sri Ramana Maharshi, que pode lhe oferecer um imenso insight da natureza humana, na qual você trabalhou durante sua vida inteira". Mas ele tinha medo de ir lá.

E Ramana era certamente o homem que poderia ter lhe oferecido, partilhado com ele algo sobre meditação. Mas Jung não foi. Ele o rejeitou completamente, dizendo: "Não há nada de científico na meditação."

Agora, essa afirmação não é científica, porque ninguém jamais tentou explorar a meditação cientificamente. Em que base ele diz que não há nada de científico na meditação?

Eu conheço o espaço em que não há nenhum sono, nenhum sonho, e ainda assim estou lá. Certamente, os sonhos são necessários, mas não para mim. Talvez noventa e nove por cento das pessoas, ou ainda mais, precisem de sonhos, seis horas de sonhos por noite. E você acha que isso é tudo? Você não sonha de dia também?

Sempre que você fecha os olhos, vê o sonho lá, passando. O sonho sempre está lá. Você está me ouvindo, e um sonho está presente. Você está andando pela estrada, e o sonho está se movendo dentro de você. É claro que quando você está desperto sua atenção é dividida: você tem de estar atento ao mundo exterior, caso contrário as pessoas pensarão que você está fora de si. Você não está fora, está dentro. Sua atenção não está mais no exterior. Você está repleto de sonhos e se esqueceu do mundo objetivo. Seis horas por noite e quantas horas por dia? Ninguém nunca mediu as horas por dia. Eu acho que você não tem nem duas horas por dia sem sonhos, como tem à noite, porque, se puder ter duas horas sem sonhos, totalmente desperto, essas duas horas se tornarão sua meditação. Elas lhe revelarão segredos valiosos.

Mas a humanidade comum, o homem comum, precisa de sonhos. Por quê? Porque a vida real é muito insatisfatória, muito feia, fétida e repulsiva. Os sonhos são seus substitutos. Os sonhos são lindos. Trazem boas fragrâncias para sua vida, ficção. Elas o ajudam a permanecer são. A realidade o deixará louco.

> *"Até mesmo um político louco como Adolf Hitler precisa das bênçãos de Deus. Adolf Hitler é abençoado por um sacerdote de Deus."*

E para mim, Deus, o Espírito Santo e o Filho, e o papa, o papa infalível... É claro que ele tem de ser infalível, ele representa o messias, o filho único de Deus. Como pode ser falível? O "papa infalível"... E todas as religiões têm coisas semelhantes. Você precisa dessas pessoas — elas são ficções criadas por sua infelicidade, e pelas pessoas astutas que usam sua infelicidade para explorá-lo e realizar uma viagem de poder.

O político também precisa dessas pessoas. Até mesmo um político louco como Adolf Hitler precisa das bênçãos de Deus. Se não há nenhum Deus, quem abençoará Adolf Hitler? E o sumo sacerdote cristão na Alemanha o abençoa. Agora veja o milagre. Adolf Hitler é abençoado por um sacerdote de Deus: "Você será bem-sucedido." Churchill é abençoado na Inglaterra pelo mesmo sacerdote de Deus: "Você será bem-sucedido." Benito Mussolini é abençoado pelo próprio papa: "Você será bem-sucedido." E ninguém vê a contradição: um Deus, um papa infalível — e esse sacerdote alemão é subordinado ao mesmo papa!

Mas o papa tem de abençoar Benito Mussolini, caso contrário, Mussolini o expulsará e o substituirá por outro papa, disposto a abençoá-lo. Benito Mussolini não é um fascista quando está no poder. Até mesmo o papa diz: "Ele é o homem mais sábio, mais democrata, mais humano"— Benito Mussolini! E o mesmo papa, depois que Benito Mussolini é derrotado, o declara um fascista. E essas são pessoas infalíveis. Agora outro político que está lá tem de ser abençoado, um que é contra Benito Mussolini; eles também o abençoarão.

Você não pode ver uma simples conspiração entre o líder religioso e o político? As massas são enganadas. O líder dá a sanção de Deus, atesta que esse é o homem certo para ser o presidente, o homem certo para ser o vice-presidente e o homem certo para ser o primeiro-ministro. É claro que o político precisa disso, porque as massas ouvirão o sacerdote: o líder religioso é imparcial, não tem nada a ver com política, está acima da política. Ele não está! O líder religioso está nas mãos dos políticos.

O Dalai-lama é o papa; de fato, para os budistas, é superior ao papa, porque não é um representante de Jesus, é uma reencarnação do próprio Buda. O Dalai-lama escapou do Tibete porque a China se tornou comunista e reivindicou o Tibete como parte de seu território. Um dia realmente foi. Duzentos, 300 anos antes. Houve um tempo em que o imperador chinês conquistou o Tibete, e o Tibete era parte da China. E, é claro, os tibetanos e os chineses pertencem à mesma etnia.

> "Você não pode ver uma simples conspiração entre o sacerdote e o político?"

O Dalai-lama teve de escapar do Tibete porque era tanto o líder religioso quanto o líder político de lá. E nunca havia pensado que alguém iria atacá-lo. É um país muito isolado, no topo do mundo, distante de todos os outros lugares, onde não há ferrovias nem carros — não foi alcançado por nenhuma tecnologia. Lá as pessoas ainda vivem como cinco mil anos atrás.

Ele precisou escapar porque não tinha um grande exército. Nem ele nem os líderes anteriores haviam pensado que alguém os atacaria — isso seria muito difícil, chegar ao Tibete é muito difícil. Mas Mao estava determinado a anexá-lo à China. Era um lugar muito importante para ele, sem falar que a Rússia poderia conquistá-lo, e isso seria tremendamente perigoso para a China. A Índia poderia fazer o mesmo, o que também seria tremendamente difícil para a China. Então, antes que alguém mais começasse a pensar, a China entrou em cena. O Tibete é um país pequeno, e o Dalai-lama só tinha uma pequena força policial, talvez 100 policiais para guardar o palácio. Isso era tudo, não havia necessidade de mais nada. Exército? Eles nunca haviam pensado em um exército.

Mas a encarnação de Buda escapou do Tibete, se esqueceu do povo que ele e seus antepassados exploraram por milhares de anos. O Tibete é um país pobre, mas o Dalai-lama é um dos homens mais ricos do mundo. Todo o palácio de Lhasa era repleto de nada menos que ouro. É estranho até mesmo pensar que o Dalai-lama escapou com todo o ouro do palácio de Lhasa, não todas as escrituras antigas — porque havia uma escolha clara: pode levar isto ou pode levar... Havia tantas escrituras que você precisaria de milhares de carros para levá-las para a Índia. E ele tinha tanto ouro! E o ouro tinha de ser preferido, porque, sem ouro, o que ele iria fazer na Índia? E os refugiados que o estavam seguindo do Tibete, o que eles iram fazer? Então as escrituras foram deixadas e o ouro foi carregado — essa é a encarnação de Buda!

A China imediatamente coroou o irmão mais jovem dele, Panchen-Lama, como o líder do país. Os políticos não podiam prescindir disso, caso contrário às massas não os ouviriam. Agora, as massas estavam perfeitamente felizes. Que diferença isso fazia — o Dalai-lama ou Panchen-lama? Ele seria seu sucessor, era o segundo na linha de sucessão. Se o Dalai-Lama morresse, ou algo acontecesse, Panchen-lama se tornaria o líder. O Dalai-lama havia fugido, e a China o tornou alvo de ridículo. "Vocês acreditaram nele, e ele os enganou; não só isso, roubou todo o ouro de vocês."

Quando o Dalai-lama chegou na Índia, o primeiro-ministro era Jawaharlal Nehru. Ele lhe deu boas-vindas. Essa era sua política, porque na Índia o budismo um dia havia sido a religião de quase todo o país. Mas depois da morte de Buda os hindus destruíram tudo que era possível. Então, os monges budistas tiveram de escapar — foi assim que o Tibete se tornou budista, o Ceilão se tornou budista, o Japão se tornou budista, a China se tornou budista, a Coreia se tornou budista, o Vietnã se tornou budista, a Indochina se tornou budista, a Birmânia se tornou budista, toda a Ásia se tornou budista — exceto a Índia, onde Buda nasceu, onde ele trabalhou e onde transformou as pessoas.

Na Índia, o budismo desapareceu totalmente. Ou o monge budista teve de deixar a Índia ou foi morto, queimado vivo, ou rebaixado à casta mais inferior — o intocável, sudra. Os *chamars*, os sapateiros na Índia, eram todos budistas — eles foram rebaixados, forçados a só fazer sapatos e nada mais. Em um país como a Índia, em que o vegetarianismo é uma das bases da religião, quem iria matar animais e fazer sapatos e outros itens de couro? Os budistas foram forçados: "Se você quiser ficar vivo e continuar a viver aqui, escolha essa profissão." Todos ficaram felizes; os hindus e jainas, todos ficaram felizes, por tê-los colocado em seu devido lugar.

> "O político protege o sacerdote, o sacerdote abençoa o político — e as massas são exploradas, sugadas: têm o sangue sugado por ambos."

Mas o que aconteceu? Após a independência, um homem, o Dr. Ambedkar, começou a converter os *chamars*, os sapateiros, novamente ao budismo. Ele conduziu milhares de pessoas novamente ao budismo. Criou um grande movimento, e havia uma possibilidade de milhões se converterem. Ele morreu, mas ainda assim deixou uma grande força budista para trás. Nehru queria manter essa força com ele. O Dalai-lama era a pessoa perfeitamente certa, porque todos aqueles budistas o ouviriam. E, por outro lado, o Dalai-lama tinha de ouvir Jawaharlal: "Volte, ou vá para qualquer lugar para onde queira ir." Jawaharlal lhe deu espaço contra a China. A China levantou a questão: "Isso será uma garantia de que não somos mais amigos. Nos entreguem o Dalai-lama."

Eles queriam o Dalai-lama em suas mãos porque Panchen-Lama não era tão poderoso. Embora os tibetanos o tivessem aceitado, o Dalai-Lama era o líder escolhido por eles. Isso foi imposto pelos chineses; relutantemente, eles aceitaram. Se o Dalai-lama tivesse sido devolvido à China, eles o teriam forçado a ficar no Tibete, a ser o Dalai-lama de novo, mas eles receberam instruções de Mao Zedong: "O país estará sob nosso controle." Nehru se recusou a lhe entregar o Dalai-lama.

Você ficará surpreso, até mesmo em um país como os Estados Unidos... Apenas alguns anos atrás, o Dalai-lama foi convidado por budistas americanos, porque há alguns mosteiros zen e budistas americanos; eles convidaram o Dalai-lama. O governo americano o impediu de entrar no país, porque isso criaria inimizade com a China. E para a América, o Dalai-lama não significava nada, porque esse poucos budistas não contavam.

O que eu estou lhe dizendo é que esses políticos e líderes religiosos estão constantemente conspirando, trabalhando de mãos dadas. O político tem o poder político; o sacerdote, o poder religioso. O político protege o sacerdote, o sacerdote abençoa o político — e as massas são exploradas, sugadas: têm o sangue sugado por ambos.

Remova Deus e você removerá os políticos, remova os políticos e removerá os líderes religiosos e a conspiração entre eles. E com esses dois removidos, cinquenta por cento das suas desgraças desaparecerão.

A ideia de Deus faz você sonhar com uma vida melhor — após a morte, talvez no paraíso, ou em outra encarnação. Então, não há muito com que se preocupar — esta vida é insignificante, qual a importância dela? Em milhões e milhões de anos-luz, o que são 70 anos? Não são nada. Há estrelas tão distantes de nós que, no dia em que você nasceu, seus raios começaram a se mover na direção da Terra, e ainda não chegaram aqui. Você morrerá e então talvez em algum momento esses raios cheguem. E os raios se movem a uma velocidade tremenda, 299337,984km por segundo. Para essa estrela, você nunca existiu. Antes de você nascer e antes de você morrer, nenhum facho de luz dela chegará aqui para vê-lo, tocá-lo. E há milhões de estrelas a essa distância. O que dizer sobre você? Há estrelas cujos raios ainda não atingiram a Terra desde que este planeta começou a existir. E a Terra pode deixar de existir sem que essas estrelas venham a saber que houve um planeta como o nosso.

> "Para ser um político bem-sucedido você tem de ser totalmente ignorante, fanático, mentiroso, fazer promessas que sabe que não cumprirá, enganar, usar palavras bonitas para esconder realidades feias."

Então, o que dizer de Alexandre o Grande, Napoleão Bonaparte, Ivan o Terrível? Eles não contam para nada, em nenhum lugar neste vasto universo. Setenta anos... muitas religiões têm dito às pessoas: "Setenta anos não contam. Essa infelicidade terá fim, e se você lhe permitir passar sem lutar contra ela, a próxima vida, a vida após a morte, será muito gratificante para você." Essas são as pessoas que o tem impedido de mudar qualquer situação na Terra. Particularmente, elas têm impedido a transformação do homem, porque todo o sofrimento que você vê ao redor tem sua origem no homem. E se o homem permanecer o mesmo, essa tensão continuará aumentando, essa angústia continuará aumentando.

É bem possível que no fim deste século toda a humanidade cometa suicídio, em uma guerra global. E não é muito difícil imaginar essa possibilidade, porque os donos do poder, as pessoas que têm armas nucleares, são medíocres. Parece que para ser um político bem-sucedido você tem de ser totalmente ignorante, fanático, mentiroso, fazer promessas que sabe que não cumprirá, enganar, usar palavras bonitas para esconder realidades feias.

Agora todos os países desenvolvidos e poderosos estão cheios de armas nucleares — tantas que se quisermos podemos destruir 70 planetas como este imediatamente. Esse grande poder nuclear existe, está disponível, para destruir cada pessoa. Mas os políticos não querem correr nenhum risco.

Seus rostos são todos máscaras: eles dizem uma coisa e fazem outra. E o poder está nas mãos desse tipo de gente. Qualquer maluco pode apertar um botão e acabar com toda a humanidade, toda a vida na Terra.

Mas talvez no fundo a humanidade também queira se ver livre de si mesma. Talvez as pessoas individualmente não sejam corajosas o suficiente para cometer suicídio, mas em uma escala massiva estejam prontas para isso.

Sempre lembre-se de que indivíduos não têm cometido grandes crimes. Sempre são multidões que os cometem, porque, em uma multidão, nenhum indivíduo sente: "Eu sou responsável pelo que está acontecendo." Ele pensa: "Eu

> "Em uma multidão nenhum indivíduo sente: 'Eu sou responsável pelo que está acontecendo.'"

só estou acompanhando as pessoas." Individualmente, quando você faz algo, tem de pensar três vezes antes de fazê-lo. O que você está fazendo? Isso é certo? Sua consciência o permite? Mas, não, quando há uma multidão você pode se perder nela, ninguém jamais descobrirá que você também fazia parte daquilo.

Até mesmo um país como a Alemanha, que pode ser considerado um dos países mais inteligentes, cultos e sofisticados, tem produzido grandes poetas, pintores, cientistas, filósofos... em todas as dimensões a contribuição da Alemanha é grande. Mas é simplesmente surpreendente que esse país de Hegel, Feuerbach, Kant, Marx, Freud, Einstein, tenha ficado sob o poder de Adolf Hitler, que não era nada além de um louco. O que aconteceu? Até mesmo um homem como Martin Heidegger, que foi o maior filósofo do mundo contemporâneo, apoiou Adolf Hitler. É chocante pensar nisso... eu sempre apreciei o homem por sua inteligência incomparável. Outros filósofos estão quilômetros atrás dele: Sartre, Marcel, Jaspers — quilômetros atrás dele. Ninguém nem mesmo chegou perto desse homem; é difícil até mesmo entendê-lo. Mas ele apoiou Adolf Hitler. E quando a Alemanha perdeu a guerra e Adolf Hitler cometeu suicídio, foi como se ele tivesse despertado de um sonho. Então percebeu o que havia feito: "Esse homem era simplesmente louco, e eu o apoiei."

É isso que eu digo: até mesmo quando seus olhos estão totalmente abertos, você pode estar sonhando. Ele estava sonhando. Sonhando e projetando seu sonho em Adolf Hitler, porque viu que aquele homem tinha poder, o poder de impressionar as massas, o que Martin Heidegger não tinha. Ele não conseguia nem mesmo fazer um discurso, porque todos iam embora. O modo como falava, as coisas sobre as quais falava, as complicações que introduzia — quem iria ouvi-lo?

Ele era um professor de filosofia na universidade — de fato, em muitas universidades, pelo simples motivo de que onde quer que lecionasse os estudantes paravam de frequentar o departamento. Ele estava muito acima deles. Ia além da sua compreensão; e se esse homem também fosse ser seu examinador, você estaria acabado. E quando ele completava dois, três anos em uma universidade, a universidade lhe dizia: "Vá, ninguém virá aqui." Então finalmente decidiram torná-lo vice-chanceler da universidade, para que ele não lecionasse.

Ele não tinha nenhum poder sobre as massas, e viu Adolf Hitler — as massas estavam simplesmente fascinadas, quase em estado de hipnose. Então ele projetou o que sonhava — como o mundo deveria ser. Áquele homem podia tornar isso possível.

Mas ele foi inocente. Não entendeu que aquele homem tinha suas próprias ideias malucas sobre o queria fazer com o mundo. Ele não ouviria nenhum filósofo. E pelo menos Martin Heidegger estava totalmente além dele. Hitler não teria nem mesmo mantido uma conversa inteligível com ele.

As religiões deram ao homem ficções para viver. Agora todas essas ficções caíram por terra, e não restou mais nada ao homem pelo que viver — daí vem a angústia. A angústia não é um estado de ansiedade comum. A ansiedade sempre se concentra em um certo problema. Você não tem dinheiro, há ansiedade; você não tem roupas suficientes e o frio se aproxima, há ansiedade; você está doente e não tem remédios, há ansiedade. A ansiedade tem a ver com algum problema. A angústia não envolve nenhum problema. A simples *existência* parece inútil, fútil. A simples respiração parece arrastá-lo incessantemente, porque, o que vai acontecer amanhã? Ontem você estava pensando que algo ia acontecer amanhã. Agora este é o amanhã de ontem, que virou hoje... e nada aconteceu. E isso acontece há anos, e você continua projetando para amanhã. Chega um momento em que você começa a perceber que nada vai acontecer. Então, há o estado de angústia.

Na angústia, somente uma coisa parece estar presente: de algum modo sair desse círculo de vida — daí o suicídio, a crescente taxa de suicídios. E um desejo inconsciente da humanidade de que a terceira guerra mundial ocorra. "Assim não serei responsável por cometer suicídio. A guerra matou todo mundo, e me matou também."

Mas toda a situação pode mudar. Só temos de alterar as premissas do velho homem: remova Deus, remova o céu e o inferno, remova a ideia de uma recompensa futura — remova toda a ideia de que um messias virá para redimi-lo de seu sofrimento. Remova a ideia de que outra pessoa é responsável por sua infelicidade e por seu sofrimento, remova a ideia de que outra pessoa pode dar sentido à sua vida. Aceite que você está só — nasceu só e morrerá só —, talvez em uma multidão, mas está vivendo só; talvez com sua esposa, sua namorada, seu namorado, mas eles estão sozinhos na própria solidão, você está só em sua solidão, e essas solidões não se tocam, nunca se tocam.

> "Você pode viver com alguém por 20 anos, 30 anos, 50 anos — isso não faz diferença alguma, vocês continuarão sendo estranhos."

Você pode viver com alguém por 20 anos, 30 anos, 50 anos — isso não faz diferença alguma, vocês continuarão sendo estranhos. Sempre e sempre serão estranhos. Aceite o fato: "Nós somos estranhos. Eu não sei quem você é, você não sabe quem eu sou. Eu mesmo não sei quem eu sou, então, como você pode saber?" Mas as pessoas presumem que o marido deveria conhecer a esposa, o marido presume que a esposa deveria conhecer o marido. Todos funcionam como se todos fossem um leitor de mentes e devessem conhecer necessidades, problemas, antes que fossem ditas. Ele deveria saber, ela deveria saber, e eles deveriam fazer alguma coisa.

Mas tudo isso é besteira! Ninguém conhece seu coração, nem mesmo você, então não espere isso de alguém; isso não é possível, pela própria natureza das coisas. Nós somos estranhos. Talvez, por acaso, tenhamos nos conhecido e estejamos juntos, mas nossa solidão está presente. Não a esqueça, porque você tem de trabalhar nela. Somente depois virá sua redenção, sua salvação.

Mas você está fazendo justamente o oposto. Como se esquecer da solidão? O namorado, a namorada, ir ao cinema, o jogo de futebol, perder-se na multidão, dançar na boate, esquecer-se de si mesmo, consumir álcool e drogas — mas de algum modo sem deixar essa solidão chegar à sua mente consciente.

E aí está todo o segredo. Você tem de aceitar sua solidão, que de modo algum pode evitar isso. E não há como mudar sua natureza. Essa é a sua realidade autêntica. Isso é você. E você está fugindo de si mesmo. Então haverá sofrimento, haverá problemas. E resolvendo um problema você criará dez mais, e assim por diante. Logo só haverá problemas ao seu redor, e você se afogará em seus próprios problemas.

Então você grita: "Por que as tensões estão aumentando? Por que há tanto sofrimento? Por que há tanta infelicidade?" Como se alguém tivesse uma resposta pronta.

Sim, alguém tem: é *você*.

Como eu encontrei a resposta dentro de mim, eu lhe digo isso com autoridade. A autoridade não provém de nenhum Deus, nenhum messias, nenhum Veda, nenhum Alcorão, nenhuma Bíblia. Não. A autoridade provém da minha experiência. Durante toda a minha vida eu vivi entre milhões de pessoas, mas nunca, nem por um momento, me esqueci de que eu sou só — de que minha solidão é inatingível; ninguém pode atingi-la. Ela só está disponível para mim, porque sou eu.

Então, quando você para de fugir de si mesmo mergulha em todos os tipos de drogas, relacionamentos, religiões, serviços à humanidade... Algumas pessoas andam fazendo isso; não é mais do que fuga de si mesmos. Mas seus egos estão satisfeitos, porque estão servindo à humanidade. Eu conheço muitos "servos", grandes servos da humanidade. E quando falei com eles e os conduzi a esse ponto, lhes expus exatamente isso, todos romperam em lágrimas e disseram: "Talvez você tenha razão — estamos fugindo. Pensávamos que serviríamos a essas pobres pessoas, mas parece que não somos capazes nem mesmo de resolver nenhum dos nossos problemas. Isso pareceu uma fuga preferível; você pode pôr de lado seus problemas. E como você pode ser tão egoísta, se importar tanto com seus problemas quando toda a humanidade está sofrendo? Quando todos estão sofrendo, ajude-os."

Então, com um belo pretexto, você pode pôr de lado os seus problemas, decidir que até mesmo pensar neles é egoísmo. Mas, com esses problemas, quem você vai ajudar, e como? Você despejará todos os seus problemas em alguém, a quem vai servir. Marido os despejará na esposa, a esposa os despejará no marido. Os pais os despejarão nos filhos, e todos os despejarão uns nos outros, sem perceber que todos estão tentando fazer o mesmo.

Pare de despejar seus problemas nos outros. Você tem de resolvê-los, e cada indivíduo tem de resolver seus próprios problemas. E os problemas não são tantos. Foi um problema que você não resolveu que criou uma cadeia de problemas não resolvidos.

A questão é: como penetrar em sua solidão sem medo? E o momento em que você penetra em sua solidão sem medo é uma experiência tão bela e extasiante que nada se compara a isso. Não é, de forma alguma, um problema. É a solução de todos os seus problemas. Mas você o tornou um problema porque ouviu e seguiu os outros: o cego seguindo líderes e sacerdotes cegos, todos se movendo em um círculo, todos acreditando que o homem à sua frente é capaz de ver, e esse também é o caso do homem à sua frente. Ele está segurando o casaco ou a camisa de todos, acreditando que sabe para onde está indo, e todos estão se movendo em um círculo;

> "Você tem de parar e sair desse estúpido jogo de seguidores e líderes."

ninguém vai a lugar algum. Os discípulos seguem o líder, o líder segue os discípulos.

Você tem de parar e sair desse estúpido jogo de seguidores e líderes. Só tem de ser você mesmo e se lembrar de que nasceu só, portanto, a solidão é sua realidade. Que você morrerá só, portanto, a solidão é sua realidade. E entre o nascimento e a morte, entre esses dois pontos, em que você está completamente só, como a vida pode ser diferente? Ela é, em cada momento, solitária. Então aceite isso com alegria, se aprofunde nisso o máximo possível, quantas vezes puder.

Esse é o templo da minha religião. Não é feito de pedras, mármore. É feito da sua consciência. Entre nela. E quanto mais fundo você for, mais distantes os problemas se tornarão. No momento em que você toca no centro do seu ser, encontra seu lar.

E desse ponto você pode sair e fazer o que quiser. Isso será ajuda, isso será serviço. Isso será partilhar. Você não despejará nada em ninguém.

Por um lado, o sacerdote lhe deu o desejo por outro mundo, a ambição pelo outro mundo, por um amanhã.

O político lhe dá este mundo: você se torna o presidente. Qualquer um na América pode ser tornar o presidente, todos os cidadãos são iguais.

Que bobagem! Dois cidadãos não são iguais. E apenas o mais astuto se tornará o presidente, não todos. Pelo menos não aqueles que teriam sido úteis para alguém. Somente as pessoas ambiciosas podem alcançar a mais alta posição política de qualquer país, porque se trata de uma corrida, e você tem de ser completamente ambicioso para apostar tudo nela. E não deve se importar com o que está fazendo, se é certo ou errado. Você tem de manter o objetivo em mente e, sem dúvida, fazer o que achar certo para alcançá-lo, seja isso certo ou errado. Se você fracassa, tudo é errado; se é bem-sucedido, tudo é certo. O sucesso é certo e o fracasso, errado. É assim que os políticos têm treinado todos.

Deixe de lado tudo que os sacerdotes e políticos puseram em você. E quando se livrar desse fardo, você começará a ter vislumbres do seu próprio ser. Isso é o que eu chamo de meditação. Uma vez experimentada, transforma para sempre.

CAPÍTULO 3
Pobreza, castidade e obediência

Tudo que você precisa fazer é se livrar dos condicionamentos dos sacerdotes. Eles o condicionaram para que eles se tornassem mediadores e agentes, interrompendo sua conexão direta com Deus. Naturalmente, você precisaria de outra pessoa para contatá-lo, e o sacerdote se tornaria poderoso. E os sacerdotes *detêm o poder*, através dos tempos. Quem quer que ponha você em contato com o poder, o verdadeiro poder, se tornará poderoso.

Deus é o verdadeiro poder, a fonte de todo poder. Os sacerdotes permaneceram poderosos através dos tempos — mais poderosos do que reis. Hoje, o cientista ocupa o lugar do sacerdote porque, agora, o cientista sabe como abrir as portas do poder escondido na natureza. O sacerdote sabia como conectar você a Deus; o cientista sabe como conectar você à natureza. Mas o sacerdote tem de desconectá-lo primeiro, de modo que não haja nenhuma linha privada individual entre você e Deus. Ele destruiu suas fontes interiores, as envenenou. E se tornou muito poderoso, enquanto toda a humanidade se tornou apática, sem amor, cheia de culpa.

Meu povo tem de se livrar totalmente dessa culpa. Ao fazer amor, pense em devoção, meditação, divindade. Ao fazer amor, queime incenso, cantarole, cante, dance. Seu quarto deveria ser um templo, um lugar sagrado. E o ato sexual não deveria ser algo apressado. Vá fundo nele, saboreie-o lenta e o mais graciosamente possível. Você se surpreenderá. Você tem a chave.

A existência não enviou você para o mundo sem chaves. Mas essas chaves têm de ser usadas, é preciso colocá-las na fechadura e girá-las.

O amor é outro fenômeno — e um dos mais poderosos — em que o ego desaparece e você está plena e totalmente consciente, pulsando, vibrando. Você não é mais um indivíduo: está perdido na energia do todo.

Então, aos poucos, lentamente, deixe isso se tornar seu estilo de vida, particular, único. O que acontece no auge do amor tem que se tornar sua disciplina. Não só uma experiência, mas uma disciplina. Então, o que quer que você esteja fazendo e por onde quer que esteja andando... De manhã cedo, com o sol nascendo, sinta a mesma sensação, a mesma fusão com a existência. Deitado no chão, sob o céu estrelado, experimente de novo a mesma fusão. Deitado na terra, torne-se um só com a terra.

Aos poucos, lentamente, o ato sexual deve fornecer a pista de como se apaixonar pela própria existência. E o ego é conhecido como uma ficção, usado como uma ficção. E, usando-o como uma ficção, não há mais perigo.

Há alguns outros momentos em que o ego desaparece por conta própria. Em momentos de grande perigo: você está dirigindo e subitamente vê que um acidente vai acontecer. Perde o controle do carro e parece não haver possibilidade de se salvar. Baterá em uma árvore ou no caminhão que está vindo, ou cairá no rio. Isso é absolutamente certo. Nesses momentos, subitamente o ego desaparece.

É por isso que há grande atração por situações perigosas. Pessoas escalam o Everest. Isso é meditação profunda, saibam elas disso ou não. O montanhismo é de grande importância. Escalar montanhas é perigoso — quanto mais perigoso, mais belo. Você terá vislumbres, grandes vislumbres da ausência de ego. Sempre que o perigo está muito próximo, a mente para. A mente só consegue pensar quando você não está em perigo; ela não tem nada a dizer em perigo. O perigo o torna espontâneo, e nessa espontaneidade você subitamente sabe que não é o ego.

Ou... Isso é para pessoas diferentes, porque as pessoas são diferentes: se você tem um coração sensível ao belo, a beleza abrirá portas. Apenas a visão de uma bela mulher ou um belo homem passando, apenas um único e breve momento de beleza, e subitamente o ego desaparece. Você é subjugado. Apreciando uma flor de lótus no lago, um pôr do sol ou um pássaro em pleno voo — tudo que desperta sua sensibilidade interior, tudo aquilo que o domina tão profundamente que, naquele momento, você se esquece de si mesmo, de ser e contudo não ser, deixa-se ir — e então o ego também desaparece. O ego é uma ficção; você tem de carregá-lo. Se você se esquecer dele por um momento, ele desaparece.

E é bom que haja momentos em que o ego desaparece e você tem um vislumbre da verdade e da realidade. É por causa desses vislumbres que a religião não morreu. Não por causa dos sacerdotes — eles fizeram de tudo para matá-los. Ou dos assim chamados religiosos, aqueles que vão à igreja, à mesquita e ao templo. Eles não são, de modo algum, religiosos, são embusteiros.

A religião não morreu por causa desses poucos momentos que acontecem ocasionalmente com quase todo mundo. Preste mais atenção a eles, imbua mais o espírito desses momentos, permita que esses momentos aconteçam mais, crie espaços para que esses momentos aconteçam mais. Esse é o verdadeiro caminho para buscar Deus. Não estar no ego é ser divino.

Goethe certa vez escreveu em seu Goetz von Berlichingen: *"A pobreza, a castidade e a obediência — todas elas são insuportáveis." O que você acha da afirmação dele?*

A afirmação está absolutamente correta. Essas são as três calamidades que arruinaram a própria existência da humanidade. Obediência significa, em outras palavras, escravidão. Somos bastante inteligentes para usar palavras bonitas para descrever realidades feias. Eu não ensino *des*obediência, isso tem de ser entendido claramente. A obediência é feia, e a mente humana se move como o pêndulo de um relógio — imediatamente vai para o lado oposto. Então, a desobediência se torna a lei da vida. Desobediência é apenas uma reação. Se nenhuma obediência for imposta, a desobediência desaparecerá automaticamente, porque não haverá nada para desobedecer. Por isso eu tenho de deixar claro que odeio a obediência, mas essa obediência inclui a desobediência, porque elas são parte da mesma realidade.

Eu ensino inteligência.

A obediência o mantém estúpido. Você só precisa seguir; não deve duvidar, não deve questionar, só tem de ser um robô. Naturalmente, mais cedo ou mais tarde, os jovens, particularmente, começam a sentir que toda essa obediência não é nada além de uma estratégia para impor a escravidão. Eles reagem indo para o outro extremo. Sempre que é dito "Não faça isso!" — essa se torna a religião deles. Que, dos dois modos, permanecem estúpidos.

Minha luta é contra a estupidez da mente humana. Quero que você seja inteligente para decidir por si mesmo. Posso lhe explicar algo, posso ser totalmente franco. Cabe a você decidir o que fazer. Agir será decisão sua.

Tudo pode ser explicado por seus pais, seus professores, pela sociedade, mas a explicação em si não é uma ordem para agir. Tomar ciência de toda a situação faz de você inteligente; você se torna mais alerta, começa a ver coisas que antes não percebia.

Torna-se consciente de novas direções, novas dimensões, novos modos de ver as coisas. Mas não há nenhuma exigência para que aja de acordo com a explicação que lhe foi dada.

A ação tem de vir da sua própria inteligência, da sua própria compreensão. Ela não será obediência, e não será desobediência. Algumas vezes você pode achar perfeitamente certo fazer determinada coisa; isso também será decisão sua. Quanto mais decisões lhe permitirem tomar, mais sua inteligência será aguçada.

A obediência destrói a própria base do crescimento. Você simplesmente recebe ordens. Pode-se ver isso acontecendo no exército — a própria psicologia da obediência em seu quadro mais completo. Os soldados são treinados durante anos para fazer coisas absolutamente sem sentido — "Esquerda, volver!" —, sem nenhum motivo. "Direita, volver!", sem nenhum motivo. "Para trás, para a frente!", sem nenhum motivo. Por horas! Esse é um exercício para destruir a inteligência.

Ouvi falar de um professor convocado durante a Segunda Guerra Mundial. Ele dizia constantemente:

— Vocês não entendem. Eu sou um professor de filosofia. Não seria capaz de me tornar um soldado, porque não consigo dar um único passo sem decidir por quê.

Mas ninguém lhe deu ouvidos. No primeiro dia, na parada, quando o comandante ordenou "Esquerda, volver!", todos se viraram, exceto o professor.

O comandante tinha sido previamente informado: "Ele é um pouco excêntrico, é um professor de filosofia, por isso seja paciente com ele." O comandante não disse nada. A tropa recebeu então ordens de virar à direita, ir para a frente e para trás — mas o professor continuava parado. Quando todos voltaram para a posição inicial, o comandante perguntou ao professor:

— Por que você não seguiu as ordens?

O professor respondeu:

— Isso é tão estúpido... Se ao fim do exercício todos têm de voltar à posição em que já estou, para que tudo isso de ir para a frente, para trás, à direita, à esquerda? E por que essas pessoas foram tratadas como máquinas?

Isso era impossível de responder! Não havia nenhum motivo. É uma estratégia para destruir a inteligência. Quando uma pessoa simplesmente segue ordens durante anos, de manhã à noite, se esquece totalmente, de que tem seu próprio poder de decisão. A ordem se torna sua decisão.

O comandante se reportou aos seus superiores:

— Aquele homem é impossível, ele argumenta!

No exército, nenhum argumento é permitido. Disseram-lhe:

— Arranje um trabalho trivial para ele no refeitório, onde não há comandos a dar.

Então o professor foi levado para a cozinha do refeitório, onde lhe deram uma pilha de ervilhas e lhe disseram:

— Você tem uma hora para separar as ervilhas maiores de um lado e as ervilhas menores do outro.

Ele prestou atenção. Uma hora depois, quando o comandante chegou, o professor estava sentado em silêncio, com a pilha igualmente silenciosa onde fora deixada. O comandante perguntou:

— Qual é o problema agora?

O professor respondeu:

— O problema é este: a menos que eu entenda tudo em detalhes, nunca me mexo. Há ervilhas grandes, há ervilhas pequenas, há ervilhas médias. Onde devo pôr as médias? É melhor não fazer nada do que fazer algo errado. E que bela hora foi esta! Eu meditei, as ervilhas meditaram, e tudo estava em silêncio. Sem esquerda volver, direita volver... Adorei este trabalho!

E ele não havia feito nada.

Toda a estrutura das forças armadas ao redor do mundo é tal que, em três ou quatro anos, eles destroem totalmente sua inteligência e você se torna quase um robô. "Marche!" e você simplesmente marcha; não questiona nada.

Após a Segunda Guerra Mundial e ao fim de uma carreira militar reconhecida por inúmeras condecorações por bravura,

um velho soldado voltou à vida civil. Duas pessoas sentadas em um restaurante observaram o homem carregando na cabeça um balde cheio de ovos e, apenas de brincadeira, um deles gritou:
— Atenção!
No meio da rua, o homem se empertigou, derrubando todos os ovos. Muito zangado, reclamou:
— Isso não está certo. Quem vai pagar pelos meus ovos?
As pessoas disseram:
— Nós não fizemos nada. Não é proibido usar a palavra "Atenção". Não lhe dissemos para obedecer.
Ao que o homem retrucou:
— Vocês não entendem. Passei 30 anos no exército. Esqueci-me completamente de como tomar qualquer decisão sozinho. "Atenção" significa aprumar-me rigidamente. Embora eu esteja reformado, o hábito de 30 anos de simplesmente obedecer se tornou minha segunda natureza. Eu sou um pobre homem. Vocês não deveriam ter feito isso.

A obediência é, basicamente, usada por religiosos, políticos, educadores e pais. Todos estão destruindo sua inteligência e dando um grande valor à obediência. Ela é uma doença muito mais perigosa do que qualquer câncer, porque o câncer pode ser curado, pode ser operado. Mas quando você é pego na rede da obediência, não há cura para você.

> "A obediência é, basicamente, usada por religiões, políticos, educadores e pais. Todos estão destruindo sua inteligência."

Deus zangou-se com Adão e Eva porque eles desobedeceram; esse foi o único pecado deles. A obediência é uma virtude. E a desobediência de Adão e Eva foi tão grande que até hoje todo cristão nasce em pecado, porque seus antepassados originais — Adão e Eva — pecaram contra Deus. A obediência parece ser a base de todas as religiões. De modos diferentes, elas a apoiam:

crença, fé, ausência de questionamentos, simplesmente seguir a Santa Bíblia ou o Sagrado Alcorão. Você não é, de modo algum, levado em conta. Você é apenas um escravo.

Certamente a obediência o torna mais eficiente. É por isso que todos querem que você seja obediente — seu pai, sua mãe, todos querem que você obedeça.

Em minha infância isso era um problema diário. Eu havia deixado claro para meus pais:

— Se quiserem que eu faça alguma coisa, por favor, expliquem o motivo e deixem que eu decida. Se vocês não quiserem que eu faça, ordenem que eu o faça. Prefiro morrer a seguir suas ordens.

Pelo meu vilarejo corria um belo rio. No verão não era muito grande, mas na estação chuvosa tornava-se volumoso. Eu era um constante admirador do rio; se não me achassem em outro lugar, que me procurassem perto do rio; eu sempre estava lá.

Meu pai me disse:

— Lembre-se de uma coisa: quando o rio recebe as águas da chuva, torna-se caudaloso; não tente atravessá-lo.

Retruquei:

— Agora me é absolutamente impossível resistir à tentação. Vou atravessá-lo.

Meu pai me avisou:

— Você vai morrer. Não vai conseguir atravessar uma corrente tão forte.

Ao que respondi:

— Será uma morte gloriosa; vou atravessá-lo.

Toda a vila se reuniu para me ver cruzar o rio; eu só tinha 12 anos. Ninguém havia feito aquilo antes, parecia muito perigoso. Fui empurrado quase 10 quilômetros rio abaixo, percorrendo seu leito para alcançar o outro lado, e muitas vezes senti que seria impossível. Mas consegui atravessá-lo. Mais tarde meu pai me perguntou:

— Você não é capaz de compreender nada?

Respondi:

— É o que eu estou tentando fazer, mas você não me deixa entender.

Eu havia tornado claro para toda a família: "Não ordenem; caso contrário, não vou obedecer. Vocês estão me pedindo para ser desobediente. Vocês serão responsáveis por todas as faltas. Só quero ter explicações e liberdade para decidir por mim mesmo. Vocês deveriam ter me explicado toda a situação do rio, o quanto ele pode ser perigoso, e então eu decidiria atravessá-lo ou não. Mas a decisão tinha de ser minha, não de outra pessoa. Entendo que a intenção de vocês é boa, mas o modo como estão tentando fazê-la valer é muito perigoso. Prefiro morrer a ver a morte da minha inteligência, porque, qual é o objetivo de viver como um robô?"

Então Goethe está correto: a obediência é um dos maiores pecados. Todas as religiões e todas as gerações o têm perpetuado.

Ele está absolutamente certo quando diz que a castidade é insuportável. Não só insuportável — ele não está sendo preciso —, como impossível. A castidade é contra a natureza. Vá contra a natureza e você será um perdedor. Você pode ser vitorioso ao lado da natureza — contra ela, sua derrota é certa. Mas é isso que dizem para vocês há séculos, para serem castos — e em um tempo em que isso é totalmente impossível. Com a idade de 14 anos o garoto se torna sexualmente maduro, a natureza está pronta, o garoto é capaz de se reproduzir. Com 13 anos, a garota está pronta para se reproduzir. Mas todas as sociedades prolongam as coisas: há a educação, a universidade...

O fato científico é que, entre os 14 e 21 anos, em algum ponto perto dos 18 anos e meio, o garoto atinge o mais alto pico de energia sexual, algo que jamais atingirá de novo. E o mesmo vale para a garota: em algum ponto perto dos 17 anos e meio, ela atinge o mais alto pico da experiência orgásmica.

Toda a humanidade tem sido privada da experiência orgásmica. Quando alguém se forma na universidade, está com 23 anos; se continua os estudos para obter a pós-graduação, terminará aos

27 ou 28 anos. Seu pico de energia sexual se foi — escoou pelo ralo! E, então, ela se casa. Ambos estão em declínio, não são mais capazes de ter aquele vigor, aquela força natural que poderia ter produzido a experiência orgásmica — que é uma das bases da experiência religiosa.

Uma pessoa que conheceu apenas por alguns instantes o êxtase orgásmico tocou a linha entre a vida comum e a existência divina. E com a experiência orgásmica naturalmente surge o desejo: "Isso é tudo ou há muito mais?" A experiência é tão tremendamente emocionante que a pessoa quer algo mais, algo melhor, algo mais refinado. A primeira pessoa que se tornou religiosa o fez apenas por causa da experiência orgásmica — porque não há nenhuma outra experiência que forneça uma compreensão da religião.

Milhões de pessoas na Terra vivem sua vida inteira sem a experiência orgásmica. Vocês querem que essas pessoas rezem em igrejas, templos e mesquitas? Vocês destruíram a própria energia que as teria levado além, sem qualquer sacerdote.

Na experiência orgásmica algumas coisas se tornam muito claras para a pessoa: a mente para — por alguns segundos não há nenhum pensamento. O tempo para — por alguns momentos não há nenhum passado, nenhum futuro, mas apenas o presente. É claro que a experiência é muito fugaz e momentânea. E a única desvantagem nela é que depende de outra pessoa; acontece entre duas pessoas — um homem e uma mulher profundamente apaixonados que querem se fundir tão totalmente que não serão mais duas entidades, mas um todo orgânico.

É muito simples e inteligente concluir que, se podemos parar de pensar e deter o tempo, talvez possamos ter a mesma experiência sem um parceiro. E foi assim que se desenvolveu todo o fenômeno espiritual. As pessoas tentaram, e foram bem sucedidas.

A mente e o tempo param — simultaneamente. A mente e o tempo não são duas coisas diferentes. A realidade só está no presente; o passado e o futuro são parte da mente. O presente é a parada do tempo. Quando não há nenhum pensamento, como você pode pensar no passado e imaginar o futuro? Não há como pensar no presente, você já está nele. Não há nenhuma necessidade de pensar nele, você o está experimentando.

Pessoas tentaram, exploradores do mundo interior — não sabemos seus nomes, quem foram os primeiros a fazer a maior descoberta na existência humana — e conseguiram parar o tempo e a mente. E se surpreenderam com o fato de que, mesmo na ausência do outro, esse estado de êxtase orgásmico pode durar enquanto você quiser. Isso não é mais fisiologia; não é mais biologia; não é mais genética — você foi além. Isso pode se estender indefinidamente. Aos poucos, lentamente, você começará a viver nesse estado. Não tem de produzi-lo, ele vem com a respiração — não precisa sequer pensar nele. Esse estado de consciência é a experiência mais formidável que a vida torna disponível para você. Mas, antes, você deveria experimentar uma amostra, algo que o ajudasse a buscar o supremo. Esse é o estado sublime.

A iluminação não é nada além de um estado orgásmico que se tornou natural para você, como os batimentos de seu coração.

Quando você está em um estado orgásmico descobre, pela primeira vez, que nenhuma mulher exterior é necessária, nenhum homem exterior é necessário; sua própria mulher interior está encontrando seu homem interior. E como ambos fazem parte de você, o encontro pode durar para sempre.

Somente esse tipo de pessoa transcende o sexo. Repressão não é castidade; repressão não é celibato. Repressão é perversão. Usando o sexo no momento certo, quando se está em seu pico...

"A iluminação não é nada além de um estado orgásmico que se tornou natural para você, como os batimentos de seu coração."

Nós estamos proibindo nossos filhos de ter qualquer coisa a ver com o sexo na época em que eles estão no ponto mais alto, aquele que nunca atingirão de novo. Depois é só ladeira abaixo. E quando as energias decaem, a experiência orgásmica é cada vez mais difícil, quase impossível. Goethe estava certo.

A pobreza é a terceira coisa que ele diz ser insuportável. Ela é insuportável, mas as religiões a tornaram suportável. Elas funcionam como o ópio — a droga que pode tornar qualquer coisa suportável. Tenho visto isso acontecer na Índia. Mulheres pobres têm de trabalhar; somente os ganhos do marido não são suficientes para sobreviverem. Mas elas têm filhos pequenos, e ninguém quer que a mulher leve a criança para o trabalho. Se uma estrada estiver sendo construída, a mulher terá de ir uma dúzia de vezes até a criança para amamentá-la, cuidar dela, e a criança fará birra e chorará, e a mulher terá de ir acalmá-la. Isso é uma perturbação.

Então elas descobriram um truque. Todas essas mulheres pobres dão um pouco de ópio para a criança quando vão trabalhar. Então, com fome, sob o sol quente, a criança não cria nenhum problema; simplesmente fica deitada ao lado da estrada. Tenho visto centenas de crianças ao lado da estrada enquanto mulheres trabalham. No início fiquei intrigado: como essas crianças permaneciam tão quietas? Depois soube que lhes tinham dado ópio.

Todas as religiões têm feito o mesmo para tornar a pobreza suportável. O ópio é muito sutil. Primeiro, todas ensinam que, em qualquer condição em que você se encontre — no Oriente, devido à sua vida passada —, se você não criar nenhum problema, se não se revoltar contra sua condição atual, na vida futura desfrutará de todas as riquezas possíveis. Isso é ópio psicológico. Essas pessoas estão esperando por uma vida futura para ter todos os prazeres e, de algum modo, carregam sua pobreza — que é insuportável.

No Ocidente, onde a vida passada e a vida futura não são parte das mitologias, há outros consolos. Jesus diz: "Bem-aventurados os pobres, porque eles herdarão o reino de Deus." O que é isso? Simples ópio: dizer que os pobres são "bem-aventurados". E para consolá-los, ele diz: "É mais fácil um camelo passar pelo buraco de uma agulha do que um rico entrar no paraíso." Então os pobres estão em melhor condicão do que os ricos. Isso é apenas uma questão de alguns anos — porque só há uma vida no cristianismo, no judaísmo e no islamismo. Esse é um teste de confiança: se você confiar em Deus, se você confiar em Jesus Cristo, passará por isso muito facilmente. E todo o paraíso eterno é feito especialmente para você; todos os ricos serão lançados no inferno.

> "Bem-aventurados os pobres, porque eles herdarão o reino de Deus. O que é isso? Simples ópio: dizer que os pobres são 'bem-aventurados'."

Esse é um grande consolo. A pessoa começa a pensar: "É perfeito. Podemos ser pobres por 70 anos, mas essas pessoas ricas vão sofrer por toda a eternidade enquanto desfrutaremos de todos os prazeres para sempre. Não é um mau negócio."

Se essas religiões não incutissem nas pessoas essas ideias tóxicas, o mundo teria acabado com a pobreza há muito, muito tempo. O homem é capaz de ir à Lua, mas não de acabar com a pobreza. É capaz de criar armas nucleares que podem destruir a Terra 700 vezes, mas não de acabar com a pobreza. Isso é simplesmente ilógico, absurdo.

É possível acabar com a pobreza, mas ninguém quer fazer isso. As religiões querem mantê-la; caso contrário, todas as pessoas abençoadas da Terra desapareceriam e só haveria pessoas amaldiçoadas, aproveitando a vida. Isso seria insuportável para os bispos, os cardeais e o papa — as pessoas amaldiçoadas desfrutarem de tudo e as pessoas abençoadas desaparecerem. E essas pessoas abençoadas que desapareceriam — essas pessoas abençoadas são as que vão à igreja, essas pessoas abençoadas são aquelas que apoiam todos os tipos de idiotas que fingem ser mediadores entre elas e Deus.

Todas essas religiões sobrevivem graças à pobreza. Os pobres vão à igreja porque estão sofrendo; o sofrimento é insuportável, eles precisam de algum tipo de consolo. Os ricos não vão à igreja; eles não estão sofrendo. E, se sentem certa angústia, esses sacerdotes não são capazes de ajudá-los. E se eles sentem certa angústia, têm de procurar alguém que possa ajudá-los. Os ricos, se sentindo frustrados, têm de procurar alguém que possa ajudá-los a se livrar de sua angústia. Eles não querem ópio.

Os políticos não querem que ninguém se torne rico, porque é mais difícil escravizar os ricos do que os pobres. É mais fácil comprar os votos dos pobres do que convencer os ricos a votarem neles. Quanto mais uma pessoa enriquece, mais se torna fora de alcance do controle dos políticos. Uma pessoa rica, se tem algum problema psicológico, procura um psicanalista, não um sacerdote. Ela vai para o Oriente encontrar um guru que a ajude a se realizar, para que possa ir além da mente — mas ela não procura esses sacerdotes comuns, que não sabem de nada.

Goethe está certo, mas ninguém o criticou pelo simples motivo de que ele não se estende muito. Ele simplesmente diz "A pobreza, a castidade, e a obediência — todas elas são insuportáveis", em um tom muito suave; por isso ninguém disse nada. Ele está criticando toda a sua igreja, toda a sua religião, toda a sua civilização. Mas está sendo inteligente, não é direto; ele deveria ter definido tudo que queria dizer com isso.

> "Os políticos não querem que ninguém se torne rico, porque é mais difícil escravizar os ricos do que os pobres."

Ouvi de muitas pessoas complacentes — Indira Gandhi, que era primeira-ministra da Índia, me aconselhou: "Se você disser as mesmas coisas sem elaborá-las demais e em um tom suave, ninguém fará nenhuma objeção. Mas se você tornar tudo muito passional..." Retruquei: "Então, de que adiantaria? Por que eu deveria perder meu tempo dando declarações suaves e neutras, se isso não faz as pessoas pensarem? Serei cada vez mais ardoroso em minhas palavras."

Ao que ela replicou: "Eu o conheço. Por causa das suas palavras tenho vontade de visitá-lo em sua comuna. Não posso ir, temo meus eleitores, temo que isso se torne um grande problema. Simplesmente visitá-lo em sua comuna. Perderei muitos eleitores, muitos simpatizantes." Isso vindo de uma mulher muito corajosa. E baseadas em muitas fontes, pessoas têm me dito: "Por que você não diz as coisas de um modo que não atinja ninguém?"

O ponto não é não atingir alguém; se ninguém for atingido, ninguém despertará. Estou pronto para arriscar minha vida para despertar as pessoas.

Essas três palavras que Goethe escolheu estão perfeitamente certas. Ele era um homem de um tremendo discernimento, mas não corajoso, de modo que ninguém prestou atenção a essa importante afirmação — ninguém se incomodou com ela. Agora que expliquei o que ele realmente quis dizer, dá para entender que haja pessoas no mundo que dizem as coisas certas, mas de um modo tão suave que suas palavras não têm nenhum impacto.

A humanidade precisa de pessoas realmente passionais, capazes de incendiá-la. Certamente muitos inimigos serão criados, mas isso não conta. O que conta são os amigos. Você sabe quantos inimigos Gautama Buda angariou? Você não consegue citar nem mesmo alguns. Eles desapareceram, mas seus amigos dominaram toda a Ásia. Quantos inimigos Jesus teve? Quase toda a comunidade judaica. Mas onde estão os inimigos? Qual é a posição deles? Qual é a situação deles? O cristianismo se tornou a maior religião do mundo, mas Jesus tinha poucos amigos. Para começar, só tinha 12 discípulos e alguns simpatizantes. Tenho muito mais sorte. Tenho milhões de amigos. Não me importo com os inimigos, porque os inimigos desaparecem, não causam nenhum impacto na história.

O impacto é causado pelos amigos. Os amigos de verdade são as pessoas que trazem a revolução, que mudam os seres humanos para melhor.

CAPÍTULO 4

Bem-aventurados os pobres

Pessoas como Madre Teresa, que ajudam os pobres há séculos, são realmente as causas da manutenção da pobreza. Os pobres não podem ser ajudados do modo como Madre Teresa ajudava. Isso não é ajuda, é política, porque todos aqueles órfãos que ela ajudou foram transformados, convertidos ao catolicismo. De fato, Madre Teresa ficaria desempregada se não houvesse nenhum órfão na Índia. Ela precisava de mais órfãos. É por isso que religiosos são contra os métodos anticoncepcionais e o aborto. De outra forma, como obter órfãos? Eles precisam dos pobres porque, sem os pobres, a quem você vai servir? E sem servir não se pode alcançar o paraíso. Isso é uma simples estratégia para entrar no Jardim do Éden.

Adoro essa história passada na China: um homem caiu em um poço. Era a feira anual, por isso havia muito barulho e ninguém o ouvia gritar por socorro.

Um monge budista passou pelo poço, olhou para dentro e disse ao homem que não havia nenhuma necessidade de ele chorar e gritar.

— Aceite o que quer que aconteça, contente-se. Na próxima vida você será recompensado mil vezes.

O homem no poço retrucou:

— Eu não estou aqui para ouvir filosofia. Estou morrendo e você fala sobre filosofia? Primeiro me ajude a sair daqui!

O budista explicou:

— É contra a minha religião interferir nos atos dos outros e suas consequências. Você deve ter cometido algum pecado em sua vida passada. Você caiu no poço. Dê-se por feliz por se redimir de seu pecado e sua punição ter terminado. Mas não vou tirá-lo porque, se amanhã você assassinar alguém, também serei responsável por isso. Não serei responsável por nenhum assassinato.

E foi-se embora.

O homem não podia acreditar naquilo. "Esses budistas falam em compaixão. Eu estou morrendo e ele fala sobre filosofia. Não estou nem mesmo em condições de entender o que está dizendo."

Passou por ali, então, um monge confucionista. Na China antiga, os poços eram apenas buracos no chão; não havia bocal ao redor deles, por isso era muito fácil cair neles na escuridão. O monge confucionista disse:

— Ouça, você é a prova do que o meu mestre disse. Meu mestre disse que todos os poços deveriam ter um bocal em volta. Não se preocupe, vou fazer uma grande revolução em todo o país para que todos os poços sejam bem protegidos.

O homem desesperou-se:

— Mas quando será essa revolução? E quando todos os poços terão bocais? A essa altura já estarei morto!

O monge confucionista respondeu:

— A questão não é você. Os indivíduos vêm e vão. A questão é a sociedade como um todo. Não podemos nos importar com um só indivíduo, pensamos em termos de toda a civilização.

E ele foi embora para fazer uma revolução.

E então chegou à beira do poço um monge cristão com um saco pendurado no ombro. Ele tirou uma corda do saco, jogou-a no poço e tirou o homem de lá.

— Você é o único homem religioso. Diga-me: como adivinhou que alguém havia caído no poço? E você veio com uma corda. Por que está carregando uma corda?

O monge disse:

— Carrego neste saco tudo o que possa precisar em uma emergência, onde quer que seja. Alguém precisará ser servido e nosso senhor Jesus Cristo disse que aqueles que servem receberão imensas recompensas no paraíso.

Agora, pense em um mundo no qual ninguém precisa do serviço de ninguém: todos estão felizes, saudáveis, confortáveis, ricos. O que acontecerá com os servos e santos do Grande Cristianismo? Ficarão todos desempregados. Eles precisam que a pobreza continue; ela é sua própria fonte de santidade; precisam dela para se tornarem santos, mais santos do que você.

Eu não digo para o meu povo: "Vá e sirva aos pobres." Servidão, para mim, não é uma palavra bonita. Eu digo para o meu povo: "Se você tiver alguma coisa, compartilhe-a. Mas lembre-se de que não há nenhuma recompensa por isso." Aprecie compartilhar — essa é a recompensa. Se você tirar de um poço alguém que está se afogando, isso será uma grande alegria. Que mais recompensas você quer? Você salvou uma vida, deveria estar imensamente feliz. A recompensa é o ato em si, e a punição também é o ato em si. Eles não são extrínsecos, são intrínsecos.

Mas todas essas religiões têm dito às pessoas que a recompensa está em algum lugar distante — além da morte —, assim como a punição. Isso não pode ser provado ou refutado, daí a continuação do negócio, e pessoas medíocres seguirem essas religiões.

O que eu posso fazer em relação a um mendigo? Dando ou não uma rupia, ele continuará a ser um mendigo.

O problema não é o mendigo. Se o problema fosse o mendigo, todos que passam por ele se sentiriam da mesma forma; se o mendigo fosse o problema, os mendigos teriam desaparecido há muito, muito tempo. O problema está dentro de você: seu coração sente isso.

Tente entender. A mente interfere sempre que o coração sente amor. A mente interfere imediatamente e diz: "Dando a ele algo ou não, ele continuará a ser um mendigo."

Se ele continuará ou não a ser um mendigo, isso não será responsabilidade sua — mas se seu coração quiser fazer algo, faça. Não tente evitar. A mente está tentando evitar a situação. A mente diz: "O que acontecerá? Ele continuará a ser um mendigo, por isso não há necessidade de fazer algo." Você perdeu uma oportunidade de fazer seu amor fluir. Se o mendigo decidiu ser um mendigo, você não pode fazer nada. Você pode lhe dar dinheiro e ele pode jogá-lo fora. Cabe a ele decidir.

A mente é muito esperta.

Então a questão permanece: "Por que há mendigos?"

Porque não há nenhum amor no coração humano. Mas a mente interfere de novo. "Os ricos não tiraram tudo dos pobres? Os pobres não poderiam pegar de volta o que os ricos roubaram deles?" Agora você está se esquecendo do mendigo e da tristeza que sentiu. A coisa toda está se tornando política, econômica. O problema já não é mais do coração, é da mente. E a mente criou o mendigo! Foi a astúcia, o calculismo da mente que criou o mendigo. Há pessoas astutas, muito calculistas: elas se tornaram ricas. Há pessoas inocentes, não tão calculistas, não tão astutas: elas acabaram se tornando pobres.

Você pode mudar a sociedade — na Rússia revolucionária ela foi mudada. Isso não fez nenhuma diferença. As velhas categorias desapareceram, o pobre e o rico, mas uma nova categoria surgiu: o governante e o governado. Agora os astutos são os governantes e os inocentes, os governados. Antes os inocentes costumavam ser pobres e os astutos costumavam ser ricos. O que você pode fazer? A menos que a divisão entre mente e coração seja desfeita, as classes continuarão a existir. Os nomes mudarão, mas a miséria continuará.

> "A menos que a divisão entre mente e coração seja desfeita, as classes continuarão a existir. Os nomes mudarão, mas a miséria continuará."

A questão é muito relevante, muito significativa: "O que eu posso fazer por um mendigo?" A questão não é o mendigo, a questão é você e seu coração. Faça alguma coisa, qualquer coisa ao seu alcance, e não tente jogar a responsabilidade nos ricos. Não tente jogar a responsabilidade na história. Não tente jogar a responsabilidade na estrutura econômica, porque ela é secundária. Se a humanidade continuar astuta e calculista, isso se repetirá indefinidamente.

O que você pode fazer a respeito disso? Você é uma pequena parte do todo. O que quer que faça, não mudará a situação — mas mudará você. Se você der alguma coisa ao mendigo, talvez não o mude, mas o próprio gesto de ter partilhado o que podia vai mudá-lo. E isso é importante. E se isso continuar — a revolução do coração —, as pessoas que sentem, as pessoas que olham para outro ser humano como um fim em si... Se isso continuar crescendo, um dia os pobres desaparecerão, a pobreza desaparecerá. E será substituída por uma nova categoria de exploração.

> "Se você der alguma coisa ao mendigo, talvez não o mude, mas o próprio gesto de ter partilhado o que podia mudará você. E isso é importante."

Até agora todas as revoluções fracassaram, porque os revolucionários não foram capazes de ver o motivo básico pelo qual há pobreza.

Mas por que algumas pessoas são capazes de explorar outras? Por que elas não puderam ver? Por que não puderam ver que não estavam ganhando nada e aquele homem estava perdendo tudo? Elas podem acumular riqueza, mas estão dizimando toda a vida ao seu redor. Sua riqueza não é nada além de sangue. Por que elas não conseguem ver isso? A mente astuta tem criado explicações, como: "As pessoas são pobres por causa dos seus karmas. Em vidas passadas, fizeram algo errado, é por isso que sofrem. Eu sou rico porque realizei bons atos, e estou colhendo os frutos." Essa também é a ideia. Marx sentado no Museu Britânico também é uma ideia, e pensando sobre qual é a causa básica da pobreza, sua mente passa a achar que há pessoas exploradoras. Mas sempre haverá essas pessoas, a menos que a astúcia desapareça totalmente. Isso não é uma questão de mudar a estrutura da sociedade. É uma questão de mudar toda a estrutura da personalidade humana.

O que se pode fazer? Você pode mudar, pode expulsar os ricos — eles voltarão pela porta dos fundos. Eles são astutos. De fato, aqueles que expulsam também são muito astutos, caso contrário não poderiam botar os outros para fora. Os ricos podem não ser capazes de voltar pela porta dos fundos, mas as pessoas que se dizem revolucionárias, comunistas, socialistas — essas se sentarão no trono, e serão elas as exploradoras. E explorarão mais perigosamente, porque provaram ser mais astutas do que os ricos. Expulsando os ricos, elas provaram, sem sombra de dúvida, que são mais astutas do que os ricos. A sociedade estará nas mãos de pessoas mais astutas.

E lembre-se: se um dia outros revolucionários surgirem — o que vai acontecer, porque, mais uma vez, as pessoas começarão a achar que a exploração está de volta —, o processo assumirá uma nova forma. E mais uma vez haverá uma revolução. Mas quem derrubará os revolucionários passados? Pessoas ainda mais astutas serão necessárias. Sempre que se quiser derrotar um sistema, ao usar o mesmo meio que o sistema usou anteriormente para chegar ao poder próprio, apenas os nomes mudarão, as bandeiras mudarão. A sociedade permanecerá a mesma.

> "Sempre que se quiser derrotar um sistema, ao usar o mesmo meio que o sistema usou anteriormente para chegar ao poder, apenas os nomes mudarão, as bandeiras mudarão. A sociedade permanecerá a mesma."

Chega dessa enganação. A questão não é o mendigo, a questão é você. Não seja astuto, não seja esperto. Não tente dizer que esse é o karma dele — você não sabe nada sobre karma. Essa é apenas uma hipótese para explicar certas coisas que são inexplicáveis, explicar certas coisas que atingem o coração. Quando você aceita a hipótese, alivia seu fardo. Então pode continuar rico e o pobre pode continuar pobre, sem nenhum problema. A hipótese funciona como um para-choque.

É por isso que a pobreza é tão enraizada na Índia, e as pessoas se tornaram tão insensíveis a ela. Há uma teoria que as ajuda. É como quando você anda em um carro com amortecedores. Não sente o chão irregular por causa dos amortecedores. A teoria de karma é um grande amortecedor. Você constantemente se opõe à pobreza, mas há um amortecedor — a teoria do karma. O que é possível fazer? Isso não tem nada a ver com você. Você está desfrutando das suas riquezas por causa das suas virtudes — bons atos realizados no passado —, e aquele homem está sofrendo por causa dos maus atos dele.

Na Índia há uma seita advinda do jainismo chamada Terapantha. Eles são os extremistas dessa teoria. Dizem: "Não interfira, porque ele está sofrendo por causa de seus karmas passados. Não lhe dê nada; isso será uma interferência. Ele pode estar sofrendo há pouco tempo — você está atrasando o processo. Ele terá de sofrer." Por exemplo, você pode dar a um homem pobre o suficiente para viver confortavelmente por alguns anos, mas o sofrimento recomeçará. Você pode lhe dar o suficiente para viver confortavelmente durante toda a vida, mas na próxima vida o sofrimento recomeçará. O sofrimento recomeçará exatamente de onde você o parou. Por isso aqueles que acreditam na Terapantha dizem para não interferir. Mesmo se alguém estiver morrendo na beira da estrada, simplesmente siga seu caminho, indiferentemente. Eles dizem que isso é compaixão; quando você interfere, retarda o processo.

Que grande amortecedor! Na Índia, as pessoas se tornaram totalmente insensíveis. Uma teoria astuta as protege.

No Ocidente, descobriram uma nova hipótese: os ricos têm explorado as pessoas; então, destrua os ricos. Olhando para um homem pobre, o amor começa a surgir em seu coração. Você imediatamente diz: "Este homem é pobre por causa dos ricos." Você transformou amor em ódio — agora temos ódio pelos ricos. Que jogo você está jogando? Agora você diz: "Destruam os ricos! Peguem tudo deles de volta! São criminosos!" O mendigo foi esquecido; o coração não está mais cheio de amor. Pelo contrário, está cheio de ódio — e o ódio criou a sociedade na qual os mendigos existem! Agora novamente o ódio está em cena. Você criará uma sociedade em que categorias podem mudar, nomes podem mudar, mas haverá governantes e governados, explorados e exploradores, oprimidos e opressores. Nada mudará; tudo permanecerá igual. Haverá senhores e haverá escravos.

A única revolução possível é a revolução do coração. Quando você encontrar um mendigo, permaneça sensível. Não deixe nenhum amortecedor isolar você do mendigo. Permaneça sensível. Isso é difícil, porque você vai começar a chorar. Isso é difícil, porque você ficará muito, muito desconfortável. Partilhe o que puder partilhar. E não se atormente pensando se ele permanecerá um mendigo ou não; você fez o que pôde.

Isso mudará você. Isso lhe dará uma nova essência, mais perto do coração e mais distante da mente. Essa é sua transformação interior, e a única maneira de fazê-la. Se os indivíduos continuarem mudando dessa forma, talvez um dia surja uma sociedade com pessoas sensíveis, incapazes de explorar outras, pessoas tão alertas e conscientes que serão incapazes de opressão, tão amorosas a ponto de ser impossível pensarem em pobreza e escravidão.

Faça algo de coração e não seja uma vítima de teorias.

Você disse que devemos incorporar o polo oposto; devemos escolher tanto a ciência quanto a religião. A racionalidade e a irracionalidade, o Ocidente e o Oriente, a tecnologia e a espiritualidade. Posso escolher tanto a política quanto a meditação? Posso escolher mudar o mundo e, ao mesmo tempo, mudar a mim mesmo? Posso ser, ao mesmo tempo, um revolucionário e um sannyasin?

Sim, tenho dito repetidamente que precisamos aceitar as polaridades. Mas a meditação não é um polo. A meditação é a aceitação das polaridades, e através dessa aceitação transcendemos as polaridades. Portanto, não há nenhum oposto à meditação. Tende entender.

Você está sentado em seu quarto, na escuridão. A escuridão é o oposto da luz ou apenas a ausência de luz? Se ela é o oposto da luz, tem de ter existência própria. A escuridão tem existência própria? É real ao seu próprio modo, ou apenas a ausência de luz? Se tiver uma realidade própria, quando você acender uma vela, ela resistirá. Tentará apagar a vela. Lutará por sua própria existência, resistirá. Mas ela não opõe nenhuma resistência. Jamais luta, nunca é capaz de apagar uma pequena vela. A vasta escuridão e uma pequena vela — mas a vela não pode ser derrotada por essa vasta escuridão. A escuridão pode ter prevalecido nessa casa durante séculos, mas traga uma pequena vela e a escuridão não poderá dizer: "Tenho séculos de vida e não cederei sem lutar." Ela simplesmente desaparece.

> "Se os indivíduos continuarem mudando dessa forma, talvez um dia surja uma sociedade com pessoas sensíveis, incapazes de explorar outras, pessoas tão alertas e conscientes que serão incapazes de opressão, tão amorosas a ponto de ser impossível pensarem em pobreza e escravidão."

A escuridão não tem nenhuma realidade positiva, ela é simplesmente ausência de luz; por isso, quando você introduz luz, ela desaparece. Quando você acende a luz, ela desaparece. De fato, ela nunca vem e vai, porque não pode ir e vir. Escuridão não é nada além de ausência de luz. Luz presente, a escuridão não está lá; luz ausente, ela está lá. Ela é ausência.

Meditação é luz interior. Não há um oposto, somente ausência.

Toda a vida que você vive é uma ausência de meditação — a vida mundana, a vida de poder, prestígio, ego, ambição, ganância. E é isso o que a política é.

Política é uma palavra muito ampla. Inclui não só os assim chamados políticos. Inclui todas as pessoas mundanas, porque todos que são ambiciosos são políticos, todos que lutam para chegar a algum lugar são políticos. Onde quer que haja competição, há política. Trinta alunos estudando na mesma sala de aula e se dizendo "colegas de classe" são inimigos de classe, porque todos estão competindo. Não são "colegas" — todos estão tentando superar uns aos outros. Todos estão tentando ganhar a medalha de ouro, obter o primeiro lugar. A ambição está lá: eles já são políticos. Onde quer que haja competição e luta, há política. Portanto, toda a vida comum é voltada para a política.

Meditação é como luz. Quando a mediação vem, a política desaparece. Você não pode ser meditativo e político. Isso é impossível: você está querendo o impossível. Meditação não é um polo, é a ausência de todos os conflitos, todas as ambições, todas as viagens do ego.

Deixe-me contar uma história.

Um sufi disse:

— Um homem não pode entender nada enquanto não percebe a conexão entre ambição, submissão e impossibilidade.

— Isso — retrucou seu discípulo — é um enigma que eu não consigo resolver.

O sufi respondeu:

— Jamais busque compreensão por meio de enigmas quando pode obtê-la diretamente por meio da experiência.

Ele então levou o discípulo a uma loja que vendia túnicas em um mercado próximo.

— Mostre-me sua melhor túnica — disse o sufi ao lojista —, porque estou disposto a gastar excessivamente.

A mais bela túnica foi apresentada, antes de o vendedor anunciar o exorbitante preço.

— É o tipo de coisa que me agrada — disse o sufi. — Mas queria algumas lantejoulas ao redor da gola e um toque de pele.

— Nada mais fácil — disse o lojista —, pois tenho exatamente o que deseja em minha oficina.

Ele desapareceu por alguns momentos e voltou com a mesma túnica nos braços, agora ornada com peles e lantejoulas.

— E quanto custa esta? — perguntou o sufi.

— Vinte vezes o preço da primeira — respondeu o lojista.

— Excelente! — disse o sufi. — Vou ficar com as duas.

A impossibilidade — porque era a mesma túnica. O sufi estava mostrando que há certa impossibilidade na ambição, que a impossibilidade lhe é intrínseca.

Não seja tão ambicioso — essa é a maior ambição possível existente: ser, ao mesmo tempo, um político e um mediador. Você está pedindo para ser ambicioso e calmo. Você está pedindo para lutar, ser violento, ambicioso, e ainda assim pacífico e relaxado. Se isso fosse possível, não haveria nenhuma necessidade de *sannyas*, e nenhuma necessidade de meditação.

Você não pode ter as duas coisas. Quando começa a meditar, a política tende a desaparecer. E, com ela, todos os efeitos da política também somem. A tensão, a preocupação, a ansiedade, a angústia, a violência, a ambição — todas essas coisas desaparecem. São subprodutos de uma mente política.

Você terá de decidir: ou quer ser um político ou quer ser um meditador. Não poderá ser as duas coisas porque, quando a meditação vem, a escuridão desaparece. Este mundo, nosso mundo, é uma ausência de meditação. E quando a meditação ocupa o lugar, este mundo simplesmente desaparece, como a escuridão.

É por isso que, por saberem disso, Patanjali, Shankara e outros disseram que este mundo é ilusório, não é real. Ilusório como a escuridão: parece real quando está lá mas, quando você introduz luz, subitamente você se torna consciente de que ela não era real. Era irreal. Apenas olhe para a escuridão, o quanto ela é real! Como parece real, envolvendo-o. Não só isso, você sente medo. O irreal cria medo. Pode matá-lo, e não está lá!

Traga luz. Mantenha alguém à porta para ver se a pessoa vê ou não a escuridão indo embora. Ninguém nunca vê a escuridão indo embora; ninguém jamais vê a escuridão entrando. Ela parece existir, mas não existe.

O assim chamado mundo do desejo, da ambição e da política só parece existir, ele não existe. Quando você medita, começa a rir de todo esse absurdo, de todo o pesadelo que desapareceu.

Mas, por favor, não tente fazer disso algo impossível. Se tentar, entrará em grande conflito; sua personalidade se tornará dividida. "Posso escolher tanto a política quanto a meditação? Posso escolher mudar o mundo e mudar a mim mesmo, ao mesmo tempo?" Isso não é possível.

Na verdade, você é o mundo. Quando muda a si mesmo, começa a mudar o mundo — e não há outro modo. Se você começa a mudar os outros, não pode mudar a si mesmo, e quem não é capaz de mudar a si mesmo não pode mudar ninguém. Só pode continuar a acreditar que está fazendo um ótimo trabalho, como seus políticos acreditam.

Seus assim chamados revolucionários são todos doentes, tensos, insanos. Sua insanidade é tanta que se forem deixados por conta própria, enlouquecerão, por isso eles a direcionam para alguma ocupação. Ou começam a mudar a sociedade, reformar a sociedade, fazendo isto e aquilo, mudando todo o mundo... E sua loucura é tanta que eles não podem ver a estupidez disso. Você não mudou a si mesmo — como pode mudar alguém?

Comece mais perto de casa. Primeiro, mude a si mesmo; primeiro traga luz para dentro de você, e então será capaz... Na verdade, dizer que depois será plenamente capaz de mudar os outros não é correto. Quando você muda a si mesmo, se torna uma fonte infinita de energia, e essa energia por si só muda os outros. Não que você se esforce muito para mudar as pessoas, nada desse tipo. Você simplesmente permanece em si mesmo, mas a própria energia — sua pureza, inocência e fragrância — se espalha em ondas. Atinge todas as praias do mundo. Sem nenhum esforço da sua parte, tem início uma revolução. E a revolução é bonita quando acontece sem esforço. Com esforço, é violenta; você começa a impor suas ideias aos outros. Stalin matou milhões de pessoas porque era um revolucionário. Queria mudar a sociedade, e quem se colocasse em seu caminho tinha de ser afastado e morto. Às vezes, aqueles que estão tentando ajudá-lo começam a agir até mesmo contra você. Eles não se importam se você quer ser mudado ou não; eles o mudarão, mesmo contra a sua vontade. Não darão ouvidos a você. Esse tipo de revolução será violenta, sangrenta.

E uma revolução não pode ser violenta, sangrenta, porque ela tem de ser feita com amor e coração. O verdadeiro revolucionário jamais vai a lugar nenhum, não muda ninguém. A revolução permanece enraizada nele mesmo, e quem quer ser mudado procura por ele. Vêm de terras distantes para encontrá-lo. Seu odor chega até eles. De maneiras sutis, de maneiras desconhecidas, quem quer mudar a si mesmo sai em busca de um revolucionário. A verdadeira revolução permanece na pessoa, disponível. Como uma fonte de água fresca — quem estiver com sede, a buscará. A fonte não vai buscar você, não vai correr atrás de você. E a fonte não o afogará porque você está com sede, não o afogará se não lhe der ouvidos. Stalin matou tantas pessoas! Os revolucionários têm sido tão violentos quanto os reacionários, às vezes até mesmo mais.

Por favor, não tente fazer o impossível. Apenas mude a si mesmo. Na verdade, isso também é tão pouco possível que, se você conseguir mudar a si mesmo nesta vida, pode se sentir grato. Pode dizer: "Basta, o que aconteceu é mais do que suficiente." Não se preocupe com os outros. Eles também são seres vivos, também têm consciência, também têm almas. Se quiserem mudar, ninguém os impedirá. Continue a ser uma fonte de água fresca. Se eles sentirem sede, virão. Seu simples frescor será um convite; a pureza da água será a atração.

"Posso ser ao mesmo tempo um revolucionário e um *sannyasin*?" Não. Se você é um *sannyasin*, você é uma revolução, não um revolucionário. Você precisa não ser um revolucionário. Se você é um *sannyasin*, você é uma revolução. Tente entender o que eu estou dizendo. Você não vai mudar as pessoas, não vai fazer uma revolução em lugar algum. Você não planeja isso — você vive isso. Seu próprio estilo de vida é uma revolução. Para onde quer que olhe e o que quer que toque, é revolução. Revolução é como respirar, espontânea.

Outra história sufi que eu gostaria de contar.

Perguntaram a um famoso sufi:

— O que é invisibilidade?

— Responderei a isso quando surgir uma oportunidade de fazer uma demonstração. Quando surgir uma oportunidade, farei uma demonstração.

Os sufis não falam muito. Eles criam situações. Eles não dizem muito; mostram através de situações.

Algum tempo depois, o sufi e o homem que lhe fizera a pergunta foram parados por um grupo de soldados, que disseram:

— Temos ordens para prender todos os dervixes. O rei deste país o ordenou, porque dervixes dizem coisas que não são bem vindas e criam padrões de pensamento que não são bons para a tranquilidade do povo. Por isso, vamos prender todos os sufis.

Sempre que há uma pessoa realmente religiosa, uma revolução, os políticos ficam com muito medo, porque sua presença os enlouquece. Sua presença por si só é o bastante para criar o caos. Sua presença é suficiente para criar desordem, causar a morte da velha sociedade. Sua presença basta para criar um novo mundo. Ela se torna um veículo. Totalmente ausente no que diz respeito ao ego, torna-se um veículo do divino. Os governantes, os astutos, sempre tiveram medo das pessoas religiosas, porque não pode haver perigo maior do que uma pessoa religiosa. Eles não têm medo dos revolucionários, porque suas estratégias são as mesmas. Não temem os revolucionários, porque usam a mesma linguagem, sua terminologia é a mesma. São pessoas iguais; não são pessoas diferentes.

> *"Todos os políticos que estão no poder e todos os que não estão no poder — eles são exatamente iguais."*

Apenas observe os políticos. Todos os políticos que estão no poder e todos os que não estão no poder — eles são exatamente iguais. Aqueles que estão no poder, parecem ser reacionários porque conseguiram o poder e querem conservá-lo. Querem mantê-lo em suas mãos, por isso parecem ser a autoridade estabelecida. Aqueles que não estão no poder falam em revolução porque querem expulsar os que estão no poder. Quando eles estiverem no poder, se tornarão os reacionários, e aqueles que estavam no poder e foram expulsos se tornarão os revolucionários.

Um revolucionário bem-sucedido é um revolucionário morto, e um governante sem poder se torna um revolucionário. E eles continuam a enganar as pessoas. Escolher entre os que estão no poder e aqueles que não estão no poder — não importa; não estará escolhendo pessoas diferentes. Estará escolhendo as mesmas pessoas. Elas não têm os mesmos rótulos, mas não são nem um pouco diferentes.

A pessoa religiosa é um verdadeiro perigo. Sua própria existência é perigosa, porque ela carrega em si novos mundos.

Os soldados cercaram o sufi e seu discípulo anunciando a prisão dos dois por ordem do rei.

E o sufi disse para os soldados:

— E é o que vocês deveriam fazer, porque devem cumprir seu dever.
— Mas vocês não são sufis? — perguntou um dos soldados.
— Teste-nos — respondeu o sufi.
O oficial pegou um livro do sufi.
— O que é isto? — perguntou.
O sufi olhou para a primeira página e respondeu:
— Algo que queimarei na sua frente, já que ainda não fez isso.
Ele pôs fogo no livro, e os soldados foram embora, satisfeitos.
O companheiro do sufi perguntou:
— Qual foi o objetivo dessa ação?
— Tornar-nos invisíveis — disse o sufi. — Para o homem do mundo, visibilidade significa que você se parece com algo ou alguém que ele espera que você se assemelhe. Se você parece diferente, sua verdadeira natureza se torna invisível para ele.

Um homem religioso vive uma vida de revolução, mas invisível — porque se tornar visível é se tornar bruto, se tornar visível é ir para o degrau mais baixo da escada. Uma pessoa religiosa, um *sannyasin*, cria uma revolução em si mesmo e permanece invisível. E essa fonte invisível de energia opera milagres.

Por favor, se você é um *sannyasin*, não há nenhuma necessidade de ser um revolucionário. Você já é uma revolução. E eu digo uma revolução porque um revolucionário já está morto, um revolucionário já tem ideias fixas — um revolucionário já tem uma mente. Eu digo revolução — isso é um processo. Um *sannyasin* não tem ideias fixas, ele vive momento a momento. Reage à realidade do momento, não a ideias fixas.

Apenas observe. Fale com um comunista, e verá que ele não está ouvindo. Pode assentir com a cabeça, mas não está ouvindo. Fale com um hindu, e ele não ouvirá. Enquanto você fala, ele prepara sua resposta — baseado em suas velhas ideias fixas. Você pode até mesmo ver no rosto dele que não há nenhuma resposta, apenas enfado e desinteresse. Fale com uma criança — a criança ouve, presta atenção. Se ela ouve, ouve atentamente. Se não ouve, está totalmente distraída, mas é tudo ou nada! Fale com uma criança e verá a resposta, pura e fresca. Um *sannyasin* é como uma criança, inocente. Ele não vive a partir de suas ideias, não é escravo de nenhuma ideologia. Ele vive a partir da consciência. Ele age aqui e agora. Não tem nenhum passado e nenhum futuro, só o presente.

Quando Jesus foi crucificado, um ladrão ao lado dele lhe disse: "Nós somos criminosos. Posso entender que sejamos crucificados. Você parece inocente. Mas estou feliz só de ser crucificado com você. Estou tremendamente feliz. Nunca fiz nada de bom."

Ele havia esquecido totalmente de uma coisa. Quando Jesus nasceu, seus pais estavam fugindo do país porque o rei tinha ordenado o massacre de todas as crianças nascidas em um determinado período. O rei havia sido informado por seus sábios que haveria uma revolução que traria perigo a ele. Era melhor tomar precauções para impedi-la de acontecer. Ele então ordenara um massacre: os pais de Jesus estavam fugindo.

Uma noite, eles foram cercados por alguns ladrões — esse ladrão era um do grupo —, que planejavam roubá-los e matá-los. Mas esse ladrão olhou para o menino Jesus, e ele era tão bonito, tão inocente, tão puro, como se fosse a pureza em si... E um brilho os cercava. Ele deteve os outros ladrões e disse: "Deixe-os ir. Apenas olhem para a criança." E todos olharam para a criança, como que hipnotizados. Não conseguiram fazer o que queriam... E os deixaram ir.

Esse foi o ladrão que salvou Jesus, mas ele não estava consciente de que esse era o mesmo homem. Ele disse para Jesus: "Não sei o que eu fiz, porque nunca realizei uma boa ação. Você não pode ser um criminoso maior do que eu. Toda a minha vida foi de pecado — roubo, assassinato, tudo que você possa imaginar. Mas eu estou feliz. Estou grato a Deus por estar morrendo ao lado de um homem tão inocente."

Jesus disse: "Por causa da sua gratidão hoje você estará comigo no reino de Deus."

Depois dessa afirmação, teólogos cristãos têm constantemente discutido o que ele quis dizer com "hoje". Ele simplesmente quis dizer agora. Porque um homem religioso não tem ontem, não tem amanhã, só tem hoje. Este momento é tudo o que há. Quando ele disse para o ladrão: "Hoje você estará comigo no reino de Deus", na verdade estava dizendo: "Olhe, você já está. Neste momento, por sua gratidão, seu reconhecimento da pureza e inocência — por seu arrependimento — o passado desapareceu. Você está no reino de Deus."

Um homem religioso não vive de ideologias passadas, ideias, conceitos fixos, filosofias. Ele vive o momento. Reage a partir de sua consciência. Está sempre fresco como uma fonte, sempre puro, jamais corrompido pelo passado.

Então, se você é um *sannyasin*, você é uma revolução. Uma revolução é maior do que todos os revolucionários. Revolucionários são aqueles que pararam em algum lugar, o rio que congelou e não flui mais. Um *sannyasin* está sempre fluindo. Um *sannyasin* é um fluxo.

CAPÍTULO 5

Igreja e Estado

Os políticos e os sacerdotes têm um interesse velado em manter as pessoas do mundo inconscientes do futuro. O motivo é muito simples: se as pessoas tiverem consciência do futuro e da escuridão à frente, da morte que se aproxima a cada momento, haverá tremenda mudança na consciência do homem em todo o mundo. E os políticos e os sacerdotes, que dominam a humanidade há milênios, sabem perfeitamente bem que não podem resolver nenhum problema a ser enfrentado pela humanidade no futuro. Eles são absolutamente impotentes. Os problemas são grandes demais e eles, pequenos demais. O único modo de salvarem suas peles é não deixar as pessoas se tornarem conscientes do que acontecerá no futuro.

Preciso também deixar claro que a política só atrai as mentes mais medíocres do mundo. Não atrai pessoas como Albert Einstein, Bertrand Russell, Jean-Paul Sartre, Rabindranath Tagore... Não, ela atrai um tipo específico de gente. Psicólogos estão conscientes do fato de que pessoas que sofrem de algum complexo de inferioridade são atraídas para a política, porque a política pode lhes dar poder. E através do poder elas podem se convencer e aos outros que não são inferiores, não são medíocres.

Mas simplesmente obter poder não faz nenhuma diferença para a inteligência delas. O mundo é governado por pessoas medíocres, enquanto um grande número de pessoas inteligentes — cientistas, artistas, músicos, poetas, dançarinos, pintores, todos os tipos de criaturas sensíveis, a própria nata da humanidade — não tem poder. Elas podem mudar toda a estrutura da história humana, transformar a escuridão do futuro em uma bela manhã, um pôr do sol. Mas o azar é que o poder está nas mãos das pessoas erradas. E as pessoas inteligentes estão desprovidas de poder.

Vou contar uma pequena história para deixar isso claro.

Um grande místico soube que um de seus amigos, um amigo de infância — eles tinham brincado juntos, estudado juntos —, havia se tornado o primeiro-ministro do país. Apenas para parabenizá-lo, o místico desceu as montanhas. Foi uma longa e cansativa jornada. Quando ele chegou ao palácio do primeiro-ministro, este se preparava para sair.

Ele reconheceu o místico, mas disse:

— Sinto muito, tenho alguns compromissos. Preciso ir a três lugares, e adoraria se você pudesse vir comigo. No caminho podemos conversar e relembrar os bons e velhos tempos.

O místico retrucou:

— Adoraria ir com você mas, como pode ver, meus trapos estão empoeirados. Gostaria de parecer bem para me sentar ao seu lado em uma carruagem dourada.

O primeiro-ministro respondeu:

— Não se preocupe. O rei me presenteou com um sobretudo muito caro. Nunca o usei. Eu o estava guardando para uma ocasião especial. Emprestarei a você o sobretudo. Apenas vista-o; ele cobrirá suas roupas, a poeira e tudo.

Foi-lhe dado o sobretudo. Eles chegaram à primeira casa e entraram. O primeiro-ministro apresentou seu amigo: "Ele é um grande místico. Vive nas montanhas. Tudo que ele tem é dele, exceto o sobretudo, que é meu."
O místico não pôde acreditar naquilo.
— Que tipo de estupidez é essa?
Até mesmo a família ficou chocada: insultar o místico daquele modo!
Fora da casa, o místico disse:
— É melhor eu não ir com você. Você me insultou. Qual era a necessidade de dizer que o sobretudo é seu? Eles não perguntaram.
O primeiro-ministro desculpou-se:
— Sinto muito, perdoe-me. E se não quiser ir comigo ao próximo compromisso, vou achar que você não me perdoou.
O místico era um homem simples de coração. Aquiesceu:
— Então está bem. Eu vou.
Entrando na segunda casa, o primeiro-ministro o apresentou:
— Este é um grande místico. Ele vive nas montanhas. Tudo é dele, até mesmo este sobretudo!
O místico não podia acreditar que aquele homem não tinha nenhuma inteligência. Fora da casa, simplesmente disse:
— Não posso ir ao seu terceiro compromisso. Isso é demais.
Mas o político retrucou:
— Eu disse que o sobretudo é seu!
O místico replicou:
— É inacreditável o quanto um homem pode ser tão estúpido. Sua afirmação, sua ênfase em destacar que o sobretudo é meu, cria suspeita: Há algo que você está escondendo. Qual é a necessidade de mencionar o sobretudo? Não vejo nenhuma necessidade de mencionar sobretudos em apresentações.
Então o político pediu:
— Perdoe-me, mas se você não for ao terceiro compromisso, nunca me esquecerei de que o magoei. Por favor, é só mais um

compromisso, e não direi que o sobretudo é seu ou meu. Não se preocupe com isso.

O místico, simples e inocente, concordou em ir com ele. Na terceira casa, o primeiro-ministro o apresentou do mesmo modo:

— Ele é um grande místico das montanhas. Todas as roupas são dele, mas no que diz respeito ao sobretudo, é melhor não dizer nada!

O político não é a parte mais inteligente da humanidade. Se fosse, não teria havido 5 mil guerras em 3 mil anos. O político destruiu, mas não criou nada. É o político que está criando as armas atômicas, os mísseis nucleares. Com que cara ele pode tornar as pessoas conscientes de que o futuro é sombrio, funesto? Talvez não haja mais nenhum futuro, talvez estejamos sentados em um vulcão que pode entrar em erupção a qualquer momento. Já temos tantas armas nucelares que podemos destruir 700 planetas do tamanho da nossa Terra. Em outras palavras, podemos matar todos os homens 700 vezes.

Você consegue pensar na estupidez disso? Um pobre homem simplesmente morre uma vez, não há nenhuma necessidade de matá-lo 700 vezes. Para que está sendo feito todo esse arranjo nuclear? Há uma loucura por trás disso. A loucura é que o político só pode viver se há guerra.

Em sua autobiografia, Adolf Hitler fez muitas afirmações significativas. Uma das afirmações é que, se um político quer ser um grande herói, uma grande figura histórica, o único modo é fazer uma grande guerra. Sem guerra não há heróis. Apenas pense em todos os seus heróis, eles foram criados pela guerra: Alexandre, o Grande, Napoleão Bonaparte, Nadirshah, Tamerlane, Genghis Khan, Joseph Stalin, Benito Mussolini, Adolf Hitler, Winston Churchill... E o que essas pessoas conseguiram, exceto viver na época de uma grande guerra? A guerra os levou ao pináculo da glória. E toda a história está cheia desses idiotas.

Se tivéssemos juízo, deveríamos parar de estudar esse tipo de história nas escolas e nas universidades. Você não pode estudar pessoas belas, criativas? Produzimos grandes músicos. Produzimos grandes cientistas. Produzimos grandes poetas. Nossa história deveria se lembrar deles. Nossa história deveria nos lembrar de que eles são nossos verdadeiros antepassados — não Genghis Khan, não Tamerlane, não Nadirshah. Essas são casualidades, e não deveriam ocupar um lugar nem mesmo no rodapé dos livros de história. Eles deveriam ser simplesmente ignorados.

> *"Produzimos grandes cientistas. Produzimos grandes poetas. Nossa história deveria se lembrar deles. Nossa história deveria nos lembrar de que eles são nossos verdadeiros ancestrais — não Genghis Khan, não Tamerlane, não Nadirshah."*

Eles eram pessoas más, e não há nenhuma necessidade de continuar a estudá-los e criar o mesmo tipo de desejo na nova geração.

Os sacerdotes também estão em uma profunda conspiração com os políticos. Essa é uma conspiração de milhares de anos: o sacerdote protege o político; o político protege o sacerdote. Isso tem de ser entendido.

Por exemplo, no Oriente os sacerdotes têm dito às pessoas: "Você é pobre porque em sua vida passada cometeu maus atos." Eles têm convencido as pessoas. Quando você diz a mesma coisa durante milhares de anos, isso deixa uma impressão profunda nas mentes das pessoas. Não só impressiona as pessoas, como impressiona até mesmo o próprio sacerdote! Isso é muito estranho, um fenômeno psicológico.

Isso faz lembrar uma história.

Um jornalista morreu. Ele foi diretamente para o portão do paraíso e bateu. Uma pequena janela se abriu e o porteiro disse:

— Desculpe-me, temos uma cota para jornalistas que já está completa. Só precisamos de 12 jornalistas no paraíso. De fato, até mesmo eles são inúteis, porque não acontece nada aqui, nenhuma notícia.

Apenas se lembre da definição de notícia: quando um cão morde um homem, isso não é notícia; quando um homem morde um cão, isso é notícia. E, naturalmente, no paraíso não há nenhuma notícia.

"Até mesmo os 12 jornalistas estão ficando entediados. Então, por favor, vá para o outro portão, em frente."

Mas jornalistas são pessoas teimosas, você não consegue se livrar dele tão facilmente. Ele disse:

— Só me escute. Irei para o outro portão daqui a 24 horas, mas não agora.

O porteiro perguntou:

— O que você vai fazer aqui em pé durante 24 horas?

O jornalista respondeu:

— Não vou ficar em pé aqui, você pode me deixar entrar. Se eu conseguir convencer um dos 12 jornalistas a ir para o inferno, pode me dar o lugar dele. A cota continuará completa.

Até mesmo o porteiro pensou que aquilo era sensato.

— Está bem, entre. Tente.

Vinte e quatro horas depois ele conseguiu convencer todos, jornalistas e não jornalistas: "Vai ser publicado um novo jornal no inferno, que será maior e mais importante. Eles precisam de editores, subeditores, repórteres, todos os tipos de jornalistas, pagando altos salários!"

Vinte e quatro horas depois ele voltou para o portão. O porteiro disse:

— Você não pode sair.

O jornalista perguntou:

— O que você quer dizer?

O porteiro respondeu:

— Todos os 12 foram ebora. Você os convenceu e eles criaram tanta confusão que finalmente tive de deixá-los partir. Agora você não pode sair, devemos ter pelo menos um jornalista no paraíso.
— Eu não posso ficar.
O porteiro retrucou:
— Você criou a mentira. Não há nenhum jornal. Não há altos salários.

O jornalista confessou:
— Sim, eu criei a mentira, mas se 12 pessoas acreditaram, deve haver alguma verdade nela! Eu não quero ficar aqui. Abra a porta, caso contrário vou registrar uma reclamação. Não pertenço a este lugar, não deveria estar aqui.

Vendo que isso era verdade, o porteiro o deixou sair sem permissão de nenhuma autoridade.

O que houve com o jornalista? Ele inventou uma mentira e conseguiu convencer 12 pessoas. Sempre que você convence alguém, também se convence.

No Oriente, há séculos, os sacerdotes convencem as pessoas de que elas são pobres porque cometeram maus atos no passado. Tudo que você precisa é se contentar com sua pobreza, sua doença, sua morte. Isso é um teste para sua confiança. E se puder passar por esse teste de fogo, na próxima vida, a vida após a morte, você será enormemente recompensado. É por esse motivo que no Oriente a ciência não progrediu, a tecnologia não se desenvolveu. Se os pobres estão satisfeitos, se os pobres não querem ser nada além de pobres, qual é a necessidade de tecnologia, de ciência, de progresso, de evolução, de gerar riqueza, de criar uma sociedade melhor, de distribuir a riqueza de um modo mais humano? Não há nenhuma necessidade.

> "O sacerdote protege o político contra a revolução."

O político está feliz porque não há nenhuma possibilidade de revolução. O sacerdote protege o político contra a revolução. E, por sua vez, o político elogia o sacerdote, afirma que ele é um grande santo. Toca nos pés do sacerdote, particularmente na época das eleições. Ele procura a todos os tipos de santos, *shankaracharyas*, imãs, papa, e lhes demonstra respeito. Logo o papa visitará a Índia, e você verá todos os políticos correndo para recepcioná-lo. Hoje, o cristianismo é a terceira maior religião na Índia. O papa tem de ser persuadido. Os santos muçulmanos, mortos ou vivos, têm de ser adorados. Os santos hindus, sejam santos ou simplesmente idiotas, têm de ser alçados ao mais alto nível de espiritualidade.

É uma conspiração para explorar as pessoas. Os sacerdotes não podem dizer o que acontecerá no futuro pelo simples motivo de que um sacerdote vive do passado. Ele vive do Shrimad Bhagavadgita, que aconteceu 5 mil anos atrás. Ele vive do Alcorão, ele vive da Bíblia. Todo o seu mundo está no passado; ele é um adorador dos mortos. Não tem olhos para o futuro, tampouco inteligência. Acho que um homem de inteligência não pode ser um sacerdote, porque o sacerdote está constantemente mentindo, e nenhum homem íntegro pode fazer isso.

O sacerdote mente de todas as maneiras. Ele não sabe nada sobre Deus. Ele não o experimentou, não o encontrou, mas segue mentindo para as pessoas — fingindo ser um representante de Deus, um mediador entre você e Deus. Ele não permite um contato direto com a existência. Sempre quer que você escreva suas cartas de amor "aos cuidados" do sacerdote. Suas orações só podem chegar até Deus por intermédio do sacerdote. Estranho, com que autoridade...?

O líder dos cristãos, o papa polaco, declarou que um dos maiores pecados é se confessar diretamente para Deus — a confissão tem de ser feita para o padre. Você percebe como essa estratégia é engenhosa? O sacerdote está sempre ali para ouvir sua confissão e você tem de contar tudo sobre seus pecados, sua vida privada. Isso dá poder ao sacerdote. Você percebe como essa estratégia é engenhosa? Ele tem um arquivo sobre você. Você não pode deixar o rebanho. Ele pode expor você. Pode destruir sua respeitabilidade. Ele sabe que você teve um caso amoroso com a mulher do seu vizinho... Você pode se esconder de todos, mas não do padre, porque ele é o único que pode conceder o perdão de Deus por seus pecados.

Mas não é estranho que você não possa se confessar diretamente a Deus? Isso é política; isso não é religião.

Tenho deparado com sacerdotes de todas as religiões e nunca vi nenhum que tivesse qualquer inteligência. Se eles tivessem qualquer inteligência, comporiam música, criariam um pouco de beleza, inventariam algo para melhorar a humanidade. Eles encontrariam algum modo de acabar com a pobreza no mundo. Mas os sacerdotes fazem justamente o contrário. Todos os sacerdotes, de todas as religiões, sem exceção, são contra o controle da natalidade, contra o aborto. Falando com um bispo, eu lhe disse que, se havia abortos, ele era responsável por isso.

Ele disse:

— O que você está dizendo? Nós somos contra o aborto.

Eu respondi:

— Sim, eu sei, mas vocês também são contra o controle de natalidade. Se fossem a favor do controle de natalidade, não haveria nenhuma necessidade de aborto.

Vendo o mundo crescer em população e pobreza, esses sacerdotes continuam a ensinar que as crianças são produzidas por Deus, e que impedir mais nascimentos por qualquer método científico é contra a religião. Não posso considerar essas pessoas inteligentes. Elas querem transformar toda a Terra em uma Etiópia. Milhões de pessoas morrerão no fim deste século sem que nenhuma arma nuclear seja usada. Quase metade da Terra morrerá de inanição, e quando cinquenta por cento das pessoas estão morrendo nas ruas e você não pode fazer nada para ajudar — nenhuma medicação, nenhuma comida, você não pode nem mesmo providenciar que seus corpos sejam carregados para o cemitério ou uma pira funerária —, as pessoas deixadas vivas estarão em uma condição ainda mais miserável do que as mortas. As mortas serão as sortudas. Quem será responsável por isso tudo? Todos esses sacerdotes.

Tenho dito a todos esses sacerdotes: "Se Deus, segundo você, segundo todas as religiões, é onipotente, todo-poderoso, Ele pode fazer alguma coisa. Pode criar o mundo, pode destruir o mundo. Então, qual é o problema? A mulher acabou de tomar uma pílula — Ele pode destruir uma pílula! Se Ele quiser que a criança nasça, a pílula será destruída. A pílula parece mais poderosa do que seu Deus onipotente. Vocês deveriam ir para suas igrejas, seus templos, suas mesquitas e sinagogas, e rezar para Deus destruir todas as pílulas. Vocês confiam e acreditam na oração — por que atormentam as pessoas dizendo a elas para continuarem a produzir filhos?"

> "As religiões estão interessadas em aumentar a população, porque população é poder."

As religiões estão interessadas em aumentar a população, porque população é poder. Elas não estão preocupadas com a morte que se aproxima a cada momento. Os políticos estão interessados em ter cada vez mais armas poderosas, porque, sem armas nucleares, eles não serão heróis históricos. Até mesmo os países pobres que precisam de alimentos estão tentando construir usinas nucleares, produzir armas atômicas. Isso parece totalmente insano.

Se quisermos um mundo são, se quisermos salvar o mundo, minha humilde sugestão é que haja uma academia mundial de cientistas, pintores, poetas, dançarinos, escultores, arquitetos, professores e místicos, que deveriam ser os formadores de opinião pública. A *intelligentsia* do mundo, de todas as dimensões e de todos os setores, juntos, deveria formar a grande opinião pública. "Nós queremos exatamente a verdade. Qual é o nosso futuro? O que os políticos vão fazer para mudar isso? O que os sacerdotes vão fazer? E se eles são impotentes, deveriam simplesmente dizer isso, porque há pessoas de mérito que podem fazer alguma coisa."

Apenas alguns dias atrás 20 cientistas americanos, os maiores especialistas nucleares do país, protestaram contra o governo, dizendo: "Se vocês não nos ouvirem, vamos parar de trabalhar. Não podemos trabalhar contra toda a humanidade." Isso é um bom começo. O mesmo deveria ser feito em todos os países. O mesmo deveria ser feito em todas as partes do mundo, mas por que deveria ser feito separadamente? Isso deveria ser feito em conjunto. Todos os cientistas e todas as pessoas criativas do mundo deveriam se unir, porque a questão é muito grande. E a menos que todas as pessoas inteligentes se levantem para salvar a humanidade, ao que parece, essa será uma tarefa impossível.

Mas eu não sou pessimista; acredito, mesmo sem expectativas. Sinto que, em tempos de desafio, sempre há uma possibilidade de surgir o melhor, de pessoas se darem as mãos além de todas as tolas e irreais fronteiras políticas da Terra, contra os limites das religiões, que não são, de modo algum, religiosas. Para ser religioso você não precisa ser cristão, não precisa ser hindu, não precisa ser muçulmano. Para ser cientista, você precisa ser hindu? Precisa ser cristão? A religião é a ciência da alma interior. Não há necessidade de quaisquer adjetivos.

Assim como a ciência explora a existência objetiva, a religião explora a interioridade do homem, sua subjetividade. Um homem pode ser religioso sem pertencer a qualquer igreja. Eu não pertenço a nenhuma nação e, contudo, sou um ser humano. Toda a Terra é minha.

Está na hora de toda a humanidade se levantar em uníssono contra todas as conspirações de sacerdotes e políticos. E eu garanto que podemos salvar a humanidade — não só salvá-la, como também torná-la mais elevada, com uma consciência melhor.

Nós podemos fazer surgir um novo homem.
O velho homem está acabado.

> "Eu não pertenço a nenhuma nação e, contudo, sou um ser humano. Toda a Terra é minha."

Durante séculos os políticos têm destruído e matado pessoas — toda a história da política é a história de criminosos, assassinos. Em 3 mil anos, os políticos criaram 5 mil guerras. Parece que o instinto bárbaro do político é muito forte; seu único prazer é destruir, dominar.

A religião cria um problema para isso, porque a religião deu ao mundo seus mais altos picos de consciência — um Gautama Buda, um Jesus, um Chuang Tzy, um Nanak, um Kabir. Eles são o próprio sal da terra. O que os políticos deram ao mundo? Genghis Khan? Tamerlane? Nadir Shah? Alexandre? Napoleão? Ivã, o Terrível? Josef Stalin? Adolf Hitler? Benito Mussolini? Ronald Reagan? Todos eles são criminosos. Em vez de estar no poder, deveriam estar atrás das grades; eles são desumanos. São pessoas espiritualmente doentes. O desejo de poder e de dominação só surge na mente doentia. Surge do complexo de inferioridade. Pessoas que não sofrem de complexo de inferioridade não se importam com o poder; todo o seu esforço é pela paz, porque o significado da vida só pode ser conhecido na paz — poder não é o meio. Paz, silêncio, gratidão, meditação — esses são os componentes básicos da religião.

A religião não pode se deixar dominar por políticos estúpidos. É como se pessoas doentes tentassem dominar os médicos, dizendo o que eles deveriam fazer ou não. Aceite isto: pessoas doentes são a maioria, o que não significa que o médico deva ser dominado pela maioria. O médico pode curar as feridas, pode curar a doença da humanidade. A religião é o médico.

Os políticos já causaram mal suficiente; estão levando toda a humanidade na direção de um suicídio global: toda vida neste planeta está em perigo. Não só o homem, mas também pássaros inocentes e seu canto, árvores silenciosas e suas flores — tudo que vive. Os políticos conseguiram criar poderes destrutivos suficientes para dizimar a vida na Terra, e estão constantemente produzindo mais armas nucleares. De fato, três anos atrás havia armas nucleares suficientes para destruir cada homem sete vezes, destruir todo este planeta sete vezes ou destruir sete Terras — embora um homem só morra uma vez. Não há nenhuma necessidade de acumular tanto poder destrutivo. Toda a política depende de mentiras.

Os políticos vivem de mentiras, os políticos vivem de promessas — promessas que nunca são cumpridas. Eles são as pessoas mais desqualificadas do mundo. Sua única qualidade é eles conseguirem enganar as massas pobres — ou, nos países pobres, comprar os votos delas. E quando chegam ao poder, esquecem totalmente de que são servos das pessoas e começam a se comportar como se fossem senhores delas.

Até onde posso ver, todos os políticos deveriam ser mediadores, deveriam saber algo sobre o mundo interior. Eles deveriam ser mais conscientes, mais compassivos, deveriam conhecer o sabor do amor. Deveriam conhecer a experiência do silêncio da existência, a beleza deste planeta e as dádivas da vida. E, também, deveriam aprender a ser humildes e gratos.

A religiosidade deveria ser a mestra de todos os políticos. A menos que os políticos tenham alguma religiosidade, não haverá futuro para a humanidade. Os políticos são cegos, eles não têm olhos; são surdos. Não têm mentes silenciosas para ouvir a verdade.

O político vive de guerra, vive de criar conflitos, vive de confusão — é disso que ele se nutre. Adolf Hitler escreveu em sua autobiografia: "Se você não tem inimigos, não pode ser tornar um grande líder. Mesmo se não tem nenhum inimigo, crie a ficção de que seu país

> *"Os políticos vivem de mentiras, os políticos vivem de promessas — promessas que nunca são cumpridas."*

está em perigo, porque, quando as pessoas têm medo, estão prontas para se tornar escravas. Quando as pessoas têm medo, estão prontas para seguir políticos."

Embora Hitler fosse louco, de vez em quando fazia afirmações muito significativas. Ele disse: "Os maiores líderes da humanidade surgiram em tempos de guerra." Portanto, a menos que haja uma grande guerra, você não poderá se tornar um grande líder; para satisfazer o desejo de ser um grande líder, você tem de matar milhões de pessoas. E ele estava certo: em tempos de paz, as pessoas não precisam seguir ninguém; as pessoas não tornam o líder quase um deus, de modo que a palavra dele se torne a lei.

Os políticos tentam, de todos os modos, manter os países com medo. A China está reunindo armas nucleares em sua fronteira com a Índia; o Paquistão está reunindo exércitos em sua fronteira com a Índia — os políticos indianos insistem nisso. No Paquistão, insistem em que a Índia está reunindo exércitos em sua fronteira; na China, insistem em que a Índia está construindo armas nucleares. Nos Parlamentos, não param de dizer: "Nós não estamos criando nada" — mas isso é total mentira. O líder chinês tem de manter as pessoas da China com medo. O líder indiano tem de manter o povo indiano com medo. Os líderes do Paquistão têm de manter o povo paquistanês com medo. O medo é seu poder. Quanto mais medo causam, mais poderosos se tornam. Fora do país, criam histórias fantasiosas, e dentro do país também: conflitos entre hindus e muçulmanos, conflitos entre pessoas que falam hindi e pessoas que não falam. Eles querem que você continue a lutar por alguma coisa — qualquer coisa trivial. Se você estiver envolvido em uma luta, eles terão poder. Se você parar de lutar, eles perderão o poder. Esse é um jogo feio.

Um dos deveres dos religiosos é se manter acima da política e conduzir as pessoas na direção de valores criativos, na direção de mais humanidade. De fato, se as religiões entenderem uma coisa — que a humanidade é uma só e não há necessidade de nenhuma nação —, todos esses políticos insignificantes desaparecerão.

Somente um homem religioso, com clareza de visão e que não precise dos votos das pessoas, pode dizer a verdade. Os políticos só podem dizer mentiras bonitas, mentiras reconfortantes, para obter votos. O homem religioso não tem nada a obter de você, pelo contrário: dizer a verdade pode ser perigoso para a vida dele — sempre foi. Sempre que a verdade foi dita, o homem que a disse foi crucificado. Os políticos precisam de poder, não de crucificação. O mundo precisa de mais pessoas religiosas prontas para dizer a verdade, mesmo se isso significar crucificação. O homem religioso não teme ser crucificado; ele sabe que não existe nenhuma morte. No máximo, podem destruir seu corpo — mas sua consciência, sua alma, sua divindade interior continuará viva.

A religião deveria ter um status superior, e pessoas religiosas deveriam ser ouvidas. O Parlamento deveria continuamente convidar pessoas religiosas a dar ideias sobre como resolver os problemas do país, porque, no Parlamento, parecem totalmente incapazes de resolver qualquer coisa. Os problemas continuam a crescer. Porém, o ego do político não quer que ninguém seja superior a ele. Mas, queira ou não, a pessoa religiosa é superior a você. Você não pode ajudar na transformação da consciência das pessoas — ela pode.

Certamente que a religião não deveria descer de sua sacralidade para as questões triviais da política. Por isso, concordo com este ponto: religião e política deveriam permanecer separadas. A distância é grande. Religião é uma estrela no céu, e os políticos, criaturas que rastejam na terra. Religião e políticas são separadas, e, sem dúvida, deveriam ser. Mas os políticos deveriam se lembrar de que atuam em questões mundanas, e esse não é o real objetivo da humanidade.

As pessoas religiosas dedicam todos os esforços a elevar a humanidade — sua consciência, sua compaixão —, a um ponto em que as guerras se tornem impossíveis, em que os políticos não possam enganar as pessoas e em que suas mentiras e promessas possam ser expostas. Isso não é interferir na política — é simplesmente proteger as pessoas da exploração dos políticos.

Política é algo que pertence à sarjeta. Religião pertence ao céu, límpido e aberto — como um pássaro voando contra o sol para alcançar o próprio centro da existência. Certamente, as pessoas religiosas não podem participar da política; mas os políticos deveriam aprender a ser humildes — o poder não deveria cegá-los. O poder corrompe, e o poder absoluto corrompe totalmente; e todos os políticos são corrompidos pelo poder. E que poder eles têm? Porque eles podem matar você; o poder deles é igual ao de um açougueiro — nada glorioso, respeitável.

O homem religioso tem uma qualidade totalmente diferente de poder — está em sua presença, em seu grande amor e respeito pela vida, sua gratidão pela existência. Não deveríamos esquecer que o inferior deveria permanecer em seus próprios limites. E deveria ser pedido às pessoas sábias do país que falassem ao Parlamento o mais frequentemente possível sobre problemas que os políticos (que nem mesmo têm cérebros capazes para a tarefa) não podem resolver.

Os políticos deveriam aprender a ouvir os conselhos das pessoas religiosas. Os problemas são tão pequenos que qualquer homem de inteligência e boa vontade pode facilmente resolvê-los. Mas o político não quer resolvê-los; só quer falar sobre resolvê-los, porque seu poder depende de quantos problemas você tem. Quanto mais problemas você tem, quanto mais infeliz você é, mais ele é poderoso.

Para a consciência religiosa, quanto mais feliz você é, mais amoroso, mais alegre... Ela quer que sua vida seja uma canção e

uma dança. Esse é o único modo pelo qual deveríamos adorar a
fonte da vida — com nossa alegria, nossas canções, nossas danças.

*É possível um político ser um homem religioso
ou um homem religioso ser um político?*

É absolutamente impossível para um político ser um homem
religioso, porque os modos da política e da religião são diametralmente opostos. Você tem de entender que isso não é uma
questão de acrescentar algo à sua personalidade — a religião
não é um acréscimo. Se você é político, pode ser um pintor, um
poeta, um músico — esses, são acréscimos.

Política e música não são diametralmente opostas; pelo
contrário, a música pode ajudá-lo a ser um político melhor.
Ela é relaxante, ajuda a aliviar o fardo do dia e as ansiedades
que um político tem de enfrentar. Mas a religião não é um
acréscimo; é uma dimensão diametralmente oposta. Então,
primeiro você tem de entender o homem político e exatamente
o que isso significa.

O homem político é um homem doente, psicologicamente
doente, espiritualmente doente. Fisicamente, pode estar bem.
Em geral, os políticos estão fisicamente bem — seus fardos
estão em suas psiques. Você pode ver isso. Quando um político
perde seu poder, começa a perder sua saúde física. Quando ele
estava no poder, era sobrecarregado de ansiedades e tensões,
mas fisicamente perfeito.

No momento em que o poder acaba, todas as ansiedades,
também; agora elas são problema de outra pessoa. A psique do
político está livre dos fardos, e, então, todas as suas doenças se
manifestam no corpo. O político sofre, no que diz respeito à sua
fisiologia, apenas quando perde o poder; com poder, tende a ter

uma vida longa e estar fisicamente bem. O motivo é que toda a sua doença recai sobre sua psique, e quando a psique suporta toda a doença, o corpo pode viver aliviado. Mas se a psique libera toda a sua doença, aonde ela vai? Abaixo da psique está a existência física — toda a doença recai sobre o corpo. Políticos sem poder morrem muito cedo. Políticos no poder vivem muito. Isso é um fato conhecido, mas a causa não é tão conhecida.

Então, a primeira coisa a ser entendida é que o homem político é psicologicamente doente, e a doença psicológica certamente se tornará doença espiritual quando excessiva, quando a psique não puder mais suportá-la. Agora, tome cuidado: se o político está no poder, sua doença psíquica tende a se espalhar para seu ser espiritual, usando-o como apoio para não ceder. Para o político, este é o seu poder, ele o considera seu tesouro; não permitirá que ele caia.

Eu chamo isso de doença. Para ele, é toda a sua viagem do ego. Ele vive para isso; não tem nenhum outro propósito. Então, quando está no poder, sua doença é firmemente contida, mas ele não sabe nada sobre a esfera espiritual, de modo que essas portas ficam abertas. Ele não pode fechar essas portas; não tem a menor ideia de que há algo mais do que sua mente. Quando está no poder, se sua doença psicológica for excessiva, depois de certo tempo inundará sua psique e atingirá sua espiritualidade.

Se ele não está no poder, tende a não manter toda essa estupidez. Agora ele sabe o que era, agora está consciente de que não era nada que valesse a pena manter. E se não há nada para manter, se o poder se foi, ele não é ninguém.

Desesperado, ele relaxa — talvez eu devesse dizer que o relaxamento vem naturalmente para ele. Agora ele pode dormir, pode sair para uma caminhada matutina. Pode fofocar, jogar xadrez, fazer qualquer coisa. Psiquicamente, sente que está afrouxando. As portas que havia mantido fechadas entre a sua psique e o seu corpo começam a se abrir, e agora seu corpo certamente sofrerá: ele pode ter um ataque cardíaco, ter qualquer tipo de doença; tudo é possível. Sua doença psíquica fluirá para a parte mais fraca do seu corpo. Mas no poder ela flui para cima, na direção do seu ser, do qual ele não está consciente.

E o que é a doença? A doença é o complexo de inferioridade. Qualquer um que esteja interessado em poder sofre de complexo de inferioridade; no fundo, se sente sem valor, inferior aos outros.

E, de muitos modos, todos são inferiores. Você não é um Yehudi Menuhin, mas não há nenhuma necessidade de se sentir inferior, porque nunca tentou ser, esse não é o seu negócio. Yehudi Menuhin também não é você; então, qual é o problema, onde está o conflito? Mas a mente política sofre da ferida da inferioridade, e o político continua a cutucar a ferida. Intelectualmente, ele não é um Albert Einstein — ele se compara com gigantes —; psicologicamente, não é um Sigmund Freud. Se você se comparar com os gigantes da humanidade, certamente irá se sentir muito pequeno, inútil.

Essa inutilidade pode ser removida de dois modos: um, pela religião; o outro, pela política. A política não a remove realmente, só a encobre. É o mesmo homem doente, o mesmo homem que se sentia inferior, agora sentado como um presidente. Mas apenas sentar-se em uma cadeira como presidente — que diferença isso pode fazer em relação à sua situação interior?

O ego é muito sutil e evasivo. E o político é doente, por causa de seu ego. Ele pode esconder a ferida tornando-se presidente, primeiro-ministro. Ele pode ocultar a ferida, mas ela continuará a existir. Você pode enganar todo mundo, mas como pode enganar a si mesmo? Você sabe disso. Está lá; você a cobriu.

A situação do político é semelhante: só pus, feridas, inferioridade, sentimento de inutilidade.

Sim, ele subiu cada vez mais alto, e em cada degrau da escada a esperança era de que no degrau seguinte a ferida estivesse curada. A inferioridade cria ambição, porque ambição significa simplesmente um esforço para demonstrar sua superioridade.

Não há nenhum outro significado na ambição além de um esforço para provar que é superior. Mas por que fazer um esforço para provar que é superior se você não sofre de um complexo de inferioridade?

Eu nunca votei em minha vida. Meus tios, meus dois tios — tenho dois tios que participaram da luta pela liberdade — foram presos. Nenhum deles pôde completar sua educação, porque foram pegos e presos. Um tio estava aqui para o festival. Estava no último ano da escola secundária quando foi pego, porque fazia parte de uma conspiração para destruir um trem, explodir uma ponte. Eles estavam fazendo uma bomba — era um aluno de química, por isso costumava retirar do laboratório coisas necessárias para fazer a bomba. Foi pego quando estava saindo para fazer sua prova final, apenas dez dias antes de se formar. E sua educação terminou, porque três anos depois, quando ele voltou, era tarde demais para recomeçar. Então, ele se dedicou aos negócios. Meu tio mais velho estava no final de sua faculdade de artes quando foi pego, porque também fazia parte de um grupo que conspirava contra o governo. Toda a minha família era política, exceto meu pai. Então todos me perguntavam: "Por que você não se registra, por que não vota, e por que está desperdiçando suas energias? Se você tomar o rumo da política, poderá se tornar o presidente do país, poderá se tornar o primeiro-ministro do país."

Eu disse: "Vocês se esqueceram com quem estão falando. Eu não sofro de nenhum complexo de inferioridade, então, por que deveria estar interessado em me tornar o presidente do país? Por

que deveria desperdiçar minha vida me tornando o presidente do país? Isso é quase como se eu não tivesse câncer e vocês quisessem que eu me operasse — isso é estranho. Por que eu deveria me operar desnecessariamente? Vocês sofrem de algum complexo de inferioridade e estão projetando seu complexo de inferioridade em mim. Estou perfeitamente bem como estou. E sou absolutamente grato pela existência, onde quer que eu esteja. Hoje, o que quer que aconteça, é bom. Eu nunca pedi mais do que isso, portanto, não há como me desapontar."
Eles disseram "Você fala coisas estranhas. O que é esse complexo de inferioridade e o que esse complexo de inferioridade tem a ver com política?"
Respondi: "Vocês não entendem simples psicologia e seus grandes políticos também não entendem simples psicologia."

Todos esses políticos no topo do mundo são pessoas doentes, por isso um modo é continuar a ocultar suas feridas. Sim, eles podem enganar os outros. Quando Jimmy Carter sorri, você é enganado, mas como Jimmy Carter pode enganar a si mesmo? Ele sabe que isso é apenas um exercício dos lábios. Não há nada mais dentro dele, nenhum sorriso. As pessoas chegam ao mais alto degrau da escada; então se tornam conscientes de que todas as suas vidas foram desperdiçadas. Eles chegaram, mas aonde? Eles chegaram ao lugar pelo qual tinham lutado — e não foi uma luta pequena; foi com unhas e dentes, destruindo muitas pessoas, usando muitas pessoas como um meio, e pisando nas cabeças delas.

Você chegou ao último degrau da escada, mas o que ganhou? Simplesmente desperdiçou toda a sua vida. Agora, até mesmo aceitar isso exige enorme coragem. É melhor continuar a sorrir e manter a ilusão: pelo menos, os outros acreditam que você é ótimo. Você sabe quem é. Você é exatamente o mesmo de antes — talvez pior, porque toda essa luta, toda essa violência, o tornou pior. Você perdeu toda a sua humanidade. Não é mais um ser.

Isso está tão distante de você que Gurdjieff costumava dizer que nem todos têm alma, por um motivo simples — não que isso seja mesmo verdade, mas ele costumava dizer: "Nem todos têm alma, apenas algumas pessoas, que descobrem seu ser, têm." Elas a têm; as outras estão simplesmente vivendo na ilusão, porque as escrituras dizem, e todas as religiões pregam que você nasce com uma alma. Gurdjieff foi muito drástico. Ele disse: "Isso tudo é besteira. Você não nasceu com uma alma. Você tem de conquistá--la; você tem de merecê-la." Posso entender o que ele quer dizer, embora eu não diga que você não nasceu com uma alma.

> "Todos esses políticos no topo do mundo são pessoas doentes."

Você nasceu com uma alma, mas essa alma é apenas um potencial, e tudo o que Gurdjieff está dizendo é exatamente isso. Você tem que trazer esse potencial para a realidade. Você tem que consegui-lo. Você tem que merecê-lo.

O político reconhece isso quando toda a sua vida escorreu pelo ralo. Ele tem de admitir isso — e parece muito estúpido ele admitir que toda a sua vida foi a vida de um idiota...

As feridas não podem ser curadas, cobrindo-as. A religião é uma cura. A palavra *meditação* e a palavra *medicina* têm a mesma raiz. Medicina é para o corpo; o que a medicina é para o corpo, a meditação é para a alma. Ela é medicinal, é uma cura.

Você me pergunta, um político pode ser religioso? Permanecendo um político, isso é impossível. Sim, se ele abandonar a política, não será mais um político e poderá se tornar um homem religioso. Portanto, eu não estou dividindo, não estou impedindo que o político se torne religioso. O que estou dizendo é: como político, ele não pode ser religioso, porque são duas dimensões diferentes.

Ou você cobre sua ferida ou a cura. Você não pode fazer as duas coisas juntas. E para curá-la tem de descobri-la, não cobri-la. Descubra-a, conheça-a, vá fundo nela, sofra com ela.

O que é preciso é uma exploração de todo o seu ser, sem predisposições, sem condenação, porque você encontrará muitas coisas que lhe disseram que são ruins, nocivas. Não recue, deixe-as ser. Não precisa condená-las. Você começou uma exploração. Apenas note que algo existe, e vá em frente. Não condene; não nomeie nada. Não demonstre nenhuma predisposição contra ou a favor, porque isso o impede de explorar. Seu mundo interior se fecha imediatamente, você fica tenso — algo ruim. Você olha para dentro, vê alguma coisa e teme que seja ruim: ganância, luxúria, raiva, ciúme. Meu Deus! Todas essas coisas em mim — é melhor não entrar.

É por isso que milhões de pessoas não entram. Elas simplesmente se sentam na escada, fora de suas casas. Vivem suas vidas inteiras na varanda. É uma vida de varanda! Nunca abrem a porta de sua casa. E a casa tem muitos cômodos; é um palácio. Se você entrar, deparará com muitas coisas que os outros lhe disseram que estão erradas. Você não sabe, simplesmente diz: "Eu sou um homem ignorante. Não sei quem você é. Só vim explorar, fazer uma pesquisa." E um pesquisador não precisa se preocupar com o que é bom e o que é ruim, simplesmente continua a ver, observar.

E você ficará surpreso com a experiência mais estranha: o que até agora você chamava de amor, escondia atrás de si ódio; apenas saiba disso. O que você dizia ser humildade, ocultava o seu ego; apenas tome ciência.

Se alguém me pergunta: "Você é um homem humilde?" Eu não posso dizer que sou, porque sei que a humildade é apenas o ego de cabeça para baixo. Eu não sou egoísta, como posso ser humilde?

Você me entende? É impossível ser humilde sem ter um ego. E quando você viu que ambos estão juntos, acontece a coisa mais estranha, como eu estava dizendo. No momento em que você vê que seu amor e seu ódio, sua humildade e seu ego, são um só, eles se evaporam. Você não tem de fazer nada. Viu o segredo deles. Esse segredo os estava ajudando a permanecer em você. Você viu o segredo, agora não há mais nenhum lugar para eles se esconderem.

Mergulhe em si mesmo repetidamente e encontrará cada vez menos coisas. As aglomerações dentro de você estão diminuindo; as multidões estão indo embora. E logo chega o dia em que você é deixado só, não há ninguém, o vazio estará em suas mãos. E subitamente você está curado.

Não se compare a ninguém, porque você é você e outra pessoa é outra pessoa. Por que eu deveria me comparar com Yehudi Menuhin ou Pablo Picasso? Não vejo por quê. Eles estão cuidando da vida deles e eu, cuidando da minha. Eles estão apreciando as coisas, talvez — porque sobre eles não posso ter certeza. Mas tenho certeza de que estou apreciando o que estou fazendo ou deixando de fazer.

> *"Não se compare a ninguém, porque você é você e outra pessoa é outra pessoa."*

Só posso ter certeza sobre mim mesmo. Eu sei que se você continuar a explorar seu mundo interior sem condenação, sem apreciação, sem pensar em nada, apenas observando os fatos, eles começarão a desaparecer. Chega um dia em que você é deixado só, toda a multidão se foi; e nesse momento, pela primeira vez, você sente o que é cura psíquica. E depois da cura física a porta se abre para a cura espiritual. Você não precisa abri-la, ela se abre sozinha. Você apenas alcança o centro psíquico, e a porta se abre.

Isso está esperando por você, talvez a muitas vidas. Quando você vem, a porta imediatamente se abre, e você vê não só a si mesmo, vê toda a existência, todas as estrelas, todo o cosmos.

Por isso eu digo que absolutamente nenhum político pode se tornar religioso se não abandonar a política. Então, não será mais um político, e o que eu digo não se aplicará a ele.

Você também perguntou: um homem religioso pode se tornar um político? Isso é ainda mais impossível, porque não há absolutamente nenhum motivo para ele se tornar um político. Se o complexo de inferioridade é o que conduz à ambição, como um homem religioso pode se tornar um político? Não há nenhuma força motriz. Mas de vez em quando isso acontecia no passado, e pode acontecer no futuro, então, deixe-me explicar.

No passado, isso era possível porque o mundo era dominado pela monarquia. De vez em quando, o filho de um rei se tornava um poeta. É muito difícil para um poeta se tornar o presidente da América; quem vai ouvi-lo? As pessoas acham que ele é louco, e ele se parece com um hippie. Ele não consegue definir a si mesmo, e quer moldar o mundo inteiro? Mas no passado isso era possível, por causa da monarquia.

O último imperador da Índia, antes do domínio da Inglaterra, era um poeta — foi por isso que a Inglaterra pôde dominar a Índia —, Bahadurshah Zafar, um dos maiores poetas urdus. Agora, não é possível um poeta se tornar imperador; foi apenas acidental ele ter nascido filho de um imperador.

Enquanto as forças inimigas entravam na capital, ele estava escrevendo poesia. Seu primeiro-ministro bateu à porta e disse:

— Isto é absolutamente urgente, os inimigos entraram na capital!

Bahadurshah retrucou:

— Não me perturbe. Estou escrevendo os quatro últimos versos. Acho que conseguirei terminá-los antes de eles chegarem aqui. Não me perturbe.

E recomeçou a escrever. Terminou seu poema, o que era mais importante para ele.

E ele era um homem muito simples e bom. Ao sair à rua, disse:

— O que é esse absurdo de matar pessoas? Se vocês querem o país, fiquem com ele, por que essa confusão? Eu estava sobrecarregado de ansiedades, agora vocês podem ficar com todas elas. Deixem-me em paz.

Mas eles não o deixaram em paz, porque eram políticos e generais. Deixar esse homem em Nova Delhi era perigoso; ele podia reunir as forças armadas, podia ter recursos — ninguém sabia. Então, eles o levaram da Índia para Burma; ele morreu em Rangoon. Seu último poema, escrito em seu leito de morte, diz: "Pobre de mim. Não posso ter nem mesmo seis pés para ser enterrado em minha própria amada rua." Ele fala de Nova Delhi, que ele amava, que ele criou; ele era um poeta, então, ele fez a cidade o mais bonita possível. "Não posso ter nem mesmo seis pés para ser enterrado em minha própria amada rua. Pobre Zafar." Zafar era seu nome poético — "Pobre de você, Zafar."

Foi enterrado em Rangoon; eles não levaram seu cadáver para Nova Delhi. Em seu poema, ele insiste: "Pelo menos eu estou morto, levem meu corpo para minha cidade, para meu país. Um cadáver não pode ser perigoso." Mas políticos e generais pensam de maneiras diferentes. Bahadurshah era um imperador amado pelo povo. Vendo-o morto, pensaram: "Pode haver uma revolta, pode haver algum problema. Por que se meter em encrencas? Vamos enterrá-lo em Ragoon. Ninguém vai sequer saber que ele morreu."

Por isso, nos tempos da velha monarquia, foi possível no hemisfério ocidental surgir um homem como Marco Aurélio. Ele era um homem religioso, mas apenas por acidente. Hoje, Marco Aurélio não poderia se tornar presidente ou primeiro-ministro, porque ele não estaria pedindo votos; ele não mendigaria — para quê?

Na Índia, isso aconteceu algumas vezes. Ashoka, um dos grandes imperadores da Índia, era um homem religioso. Era tão religioso que quando seu filho, o único homem, aquele que seria seu sucessor, pediu para se tornar monge, ele dançou e disse:
— É por isso que tenho esperado, pelo dia no qual você entendesse.
Ele tinha ainda uma filha. Quando Sanghamitra lhe disse que também queria entrar para o mundo da meditação, ele falou:
— Vá. Essa é a minha única alegria.
Hoje isso seria impossível.

Na Índia havia um grande rei, Poro; ele lutou contra Alexandre, o Grande. E você ficará surpreso com o quanto os livros ocidentais foram injustos com esse homem, Poro. Alexandre se torna um pigmeu diante de Poro. Quando chegou à Índia, Alexandre usou de um truque — ele era um político...
Alexandre enviou sua esposa ao encontro de Poro em um dia particular. Há um dia na Índia, o Dia das Irmãs, em que a irmã amarra um fio em seu pulso. Você pode ser seu irmão, você pode não ser um irmão de verdade; no momento em que ela amarra o fio em seu pulso você se torna irmão dela. E há um duplo juramento. O irmão diz "Eu a protegerei" e a irmã diz "Eu rezarei pela sua proteção".
Nesse dia em particular, Alexandre enviou sua esposa para Poro. Ele estava do lado de fora do reino de Poro. Há um rio que delimita a fronteira; ele estava lá, e enviou sua esposa. E quando foi declarado na corte de Poro: "A mulher de Alexandre, o Grande quer vê-lo", Poro foi cumprimentá-la, porque na Índia isso era tradição. Mesmo se o inimigo vai à sua casa, ele é um convidado, e o convidado é um deus.
Ele a levou para sua corte, ofereceu um trono para que ela se sentasse e disse:

— Você poderia ter me chamado. Não havia necessidade de vir de tão longe.

Ela respondeu:

— Eu vim para torná-lo meu irmão. Não tenho nenhum irmão, e quando soube que hoje é o Dia das Irmãs, não pude resistir.

Isso era um jogo político. E Poro calculou que Alexandre e sua esposa sabiam sobre o Dia das Irmãs, e por que Alexandre esperara até aquele dia para enviar sua esposa, mas disse:

— Isso está perfeitamente certo. Se você não tem um irmão, eu sou um irmão.

Ela havia levado o fio, amarrou-o em Poro e ele tocou seus pés. O irmão tem de tocar os pés da irmã, seja ela mais nova ou não.

Havia ali tremendo respeito pela feminilidade, lado a lado com imensa amargura em relação às mulheres. Talvez a amargura tivesse sido criada pelos monges e sacerdotes, e o respeito tivesse sido criado pelas pessoas religiosas. Imediatamente, a esposa de Alexandre disse:

— Agora você é meu irmão, e espero que me salve, mas o único modo de me salvar é não matando Alexandre. Você gostaria que sua irmã permanecesse viúva pelo resto da vida?

Poro respondeu:

— Sem dúvida, não. Você não precisa falar sobre isso, está combinado. Alexandre não será tocado. Agora somos parentes.

Eis o que aconteceu no dia seguinte: Alexandre atacou, e chegou um momento na luta em que Poro matou o cavalo de Alexandre. Alexandre caiu do cavalo e Poro estava em seu elefante — porque na Índia o animal de um guerreiro era o elefante, não o cavalo. O elefante estava prestes a pisotear Alexandre. Apenas por hábito, Poro pegou sua lança e ia matar Alexandre quando viu o fio em seu pulso. Guardou sua lança e disse ao cornaca, o homem que conduz o elefante:

— Afaste-se, e diga a Alexandre que não vou matá-lo.

Esse foi o momento em que Alexandre teria sido morto, e todo o seu desejo de conquistar o mundo teria acabado; toda a história teria sido diferente. Mas Poro era um homem religioso, feito de um material diferente: pronto para ser derrotado, mas não para ser desmoralizado. E ele foi derrotado — perdeu sua chance. Poro foi levado diante de Alexandre na corte, uma corte temporária, com correntes nos pulsos e nos tornozelos. Mas o modo como ele andava... O próprio Alexandre lhe disse:

— Você anda como um imperador até mesmo com correntes nos pulsos e nos tornozelos.

Poro replicou:

— Esse é meu modo de andar. Não tem nada a ver com eu ser imperador ou prisioneiro; é meu modo de andar. É o que eu sou.

Alexandre perguntou:

— Como você gostaria de ser tratado?

Poro respondeu:

— Que pergunta! Um imperador deveria ser tratado como um imperador. Que pergunta estúpida!

Alexandre diz em suas anotações: "Jamais conheci um homem como Poro. Ele estava acorrentado, preso — eu poderia tê-lo matado ali, naquele momento, mas o modo como ele andava, o modo como falava..." Alexandre realmente ficara impressionado. Ele ordenou então:

— Tirem-lhe as correntes, ele continuará a ser um imperador em qualquer lugar. Devolvam-lhe seu reino. Mas — continuou —, antes de partirmos, gostaria de lhe fazer uma pergunta. Quando você teve a chance de me matar, por que guardou sua lança? Mais um segundo e eu estaria acabado, ou seu elefante poderia ter me esmagado, mas você o impediu. Por quê?

Poro disse:

— Não me pergunte isso. Você sabe; você é um político, eu, não. Este fio, você o reconhece? Você enviou este fio com sua esposa; agora ela é minha irmã, e não posso matar meu próprio cunhado.

Não me é possível deixá-la viúva. Preferi ser derrotado a matá--lo. Mas não há necessidade de você se sentir grato a mim; isso é apenas como um homem realmente centrado deveria se comportar.

Então, no passado, isso era possível, por causa da monarquia. Mas, na monarquia idiotas também se tornaram reis, loucos também se tornaram reis; tudo é possível. Por isso não estou apoiando a monarquia, só estou dizendo que, com a monarquia, era possível um homem religioso se tornar imperador.

No futuro, a democracia não vai durar muito, porque o político já é ignorante diante do cientista; ele já está nas mãos do cientista. O futuro pertence ao cientista, não ao político. Isso significa que teremos de mudar a palavra *democracia*. Eu tenho uma palavra para isso: *meritocracia*.

> "O futuro pertence ao cientista, não ao político. Isso significa que teremos de mudar a palavra democracia. Eu tenho uma palavra para isso: meritocracia."

O mérito será o fator decisivo. Não se você pode ganhar votos com todos os tipos de promessas e esperanças, mas seu mérito, seu verdadeiro poder no mundo científico, decidirá. E quando o governo estiver nas mãos do cientista, tudo será possível.

Eu chamo a ciência de *religião objetiva*; a religião, de *ciência subjetiva*.

Quando estiver nas mãos da ciência, o mapa mundial será diferente, porque, o que é a luta entre o cientista russo e o cientista americano? Ambos trabalham nos mesmos projetos; será muito mais rápido se trabalharem juntos. É pura estupidez que os mesmos experimentos estejam sendo repetidos em todas as nações do mundo; isso é inacreditável. Todas essas pessoas juntas podem realizar milagres. Separadas, tudo se torna mais caro.

Por exemplo, se Albert Einstein não tivesse fugido da Alemanha, quem teria vencido a Segunda Guerra Mundial? Vocês acham que a América, a Inglaterra e a Rússia teriam vencido a Segunda Guerra Mundial? Não. Um único homem fugindo da Alemanha — Albert Einstein — definiu a história. Todos esses nomes de mentira — Roosevelt, Churchill, Stalin, Hitler —, não significam nada. Aquele homem definiu tudo ao criar a bomba atômica. Ele escreveu uma carta para Roosevelt: "A bomba atômica está pronta comigo e, a menos que você a use, não há nenhum modo de acabar com a guerra." Ele se arrependeu disso durante toda a sua vida, mas essa é outra história. A bomba atômica foi usada e, no momento em que isso ocorreu, não havia nenhuma dúvida de que o Japão continuaria a lutar. A guerra foi vencida: o bombardeio de Hiroshima e Nagasaki pôs fim à Segunda Guerra Mundial. Albert Einstein estava trabalhando no mesmo projeto na Alemanha. Ele simplesmente poderia ter escrito para um destinatário diferente — em vez de Roosevelt, Adolf Hitler —, e toda a história teria sido diferente, totalmente diferente.

O futuro caminha para repousar nas mãos do cientista, e não está distante. Agora há armas nucleares, os políticos não conseguem ficar no topo. Eles não sabem nada sobre isso, nem mesmo o *abc*.

Dizem que quando Einstein estava vivo, apenas 12 pessoas em todo o mundo entendiam sua teoria da relatividade. Uma dessas 12 pessoas era Bertrand Russel, que escreveu um pequeno livro para aqueles que não a entendiam: *O ABC da relatividade*. Ele achou que todos poderiam entender o *abc* — mas até mesmo isso não é possível, porque, se você pode entender o *abc*, então todo o alfabeto se torna simples. Isso não é uma questão de entender apenas o *abc*; então, o *xyz* não está longe. O verdadeiro problema é entender o *abc*. Hoje, todos esses políticos não entendem absolutamente nada; mais cedo ou mais tarde o mundo estará nas mãos das pessoas que têm mérito.

Primeiro, o poder passará para as mãos dos cientistas. Você pode considerar quase uma predição que o mundo passará para as mãos dos cientistas. E, então, se abrirá uma nova dimensão. Mais cedo ou mais tarde, o cientista convidará o sábio, o santo, porque não pode administrar isso sozinho. O cientista não pode administrar a si mesmo. O cientista pode administrar tudo, mas não pode administrar a si mesmo. Albert Einstein podia saber tudo sobre os astros do universo, mas não sabia nada sobre seu próprio centro.

Este será o futuro: de políticos para cientistas, de cientistas para pessoas religiosas — mas esse será um tipo de mundo totalmente diferente. As pessoas religiosas não podem pedir votos. Você terá de pedi-los. Você terá de solicitá-los. E se sentirem que seu pedido é sincero e necessário, eles poderão agir no mundo. Mas lembre-se: isso não será, de modo algum, política.

Então me deixe repetir: o político pode se tornar religioso se abandonar a política; caso contrário, isso será impossível. O homem religioso pode participar da política se a política mudar todo o seu caráter; caso contrário, será impossível para um homem religioso estar na política. Ele não pode ser um político.

Mas, do jeito que as coisas andam, é absolutamente certo que, primeiro, o mundo irá para as mãos do cientista, e do cientista para os místicos. E somente nas mãos dos místicos você pode estar seguro.

O mundo realmente pode ser um paraíso. De fato, não há nenhum paraíso, a menos que criemos um aqui.

Sempre pensei que você era contra os políticos, por isso fiquei muito surpreso ao saber que você abençoou Indira Gandhi. Você gostaria de dizer algo a esse respeito?

Eu sou contra a mente política. Mente política significa mente astuta; mente política significa mente assassina, violenta. Mente política significa a mente que só está interessada em dominar os outros, só está interessada em estar na posição de ter milhões de vidas humanas nas mãos, de um ou outro modo. A mente do político é a mente do perfeito egoísta. Eu certamente sou contra a mente política. Gostaria de um mundo que não girasse sempre em torno da mente política. Gostaria de um mundo que tivesse a qualidade religiosa, não a qualidade política. No mínimo, eu gostaria que a qualidade política da mente ficasse em segundo plano.

No centro deveria haver a mente criativa; a política é destrutiva. Mas isso não pode acontecer agora. Durante milhares de anos a política esteve no centro, então isso não pode acontecer agora. Primeiro é preciso que seja liberada uma grande energia meditativa.

"*Eu sou contra a mente política, mas sei que isso não pode acontecer agora. Pode demorar milhares de anos. O início tem de ser agora, a semente tem de ser plantada agora, mas os frutos só virão mais tarde.*"

Se milhões de pessoas se tornarem meditadoras, pouco a pouco a estrutura da energia neste planeta mudará — começará a se mover da mente política para a mente religiosa. Eu sou contra a mente política, mas sei que isso não pode acontecer agora. Pode demorar milhares de anos. O início tem de ser agora, a semente tem de ser plantada agora, mas os frutos só virão mais tarde. Você pode se tornar uma pessoa não política agora, e sua vida florescerá. Mas, no que diz respeito a todo o planeta, isso vai levar tempo. Nesse ínterim, o que vamos fazer?

Eu abençoei Indira Gandhi porque, para mim, ela parece ser a menos política entre os políticos indianos. Mais uma vez isso lhe parecerá estranho, porque tudo o que foi dito sobre ela, circulou sobre ela, se espalhou sobre ela, é exatamente o opos-

to. Mas minha própria observação é a de que ela tem a mente menos política.
Por que eu digo isso? Eis os motivos. Em primeiro lugar, se ela realmente fosse uma política, e apenas uma política, não teria tentado fazer nada contra a tradição indiana. O político nunca vai contra a tradição. Ele sempre segue seus seguidores. Esse é um arranjo mútuo. Particularmente em um sistema democrático, um político não pode se dar o luxo de ir contra as tradições — certas ou erradas, esse não é o ponto —, se você for contra as tradições das pessoas, elas se vingarão.
Os verdadeiros políticos só falam sobre mudança, mas nunca tentam mudar nada. Eles só falam. Falar pode, isso não faz mal a ninguém. Até mesmo as massas apreciam a fala. Fale sobre revolução, mas não tente fazê-la, porque, quando você tentar fazê-la, muitas das tradições e superstições das massas terão de ser destruídas. E então as pessoas ficarão com raiva, e em uma estrutura democrática a raiva pode ser perigosa.
Indira Gandhi tentou fazer alguma coisa, sinceramente tentou fazer alguma coisa. De fato, foi isso que criou problemas para ela. Indira estava tentando ajudar os pobres em detrimento dos ricos. Ela enfureceu os ricos, os poderosos, foi contra interesses velados. Nenhum político se dará o luxo de fazer isso, nenhum político pode se dar o luxo de fazer isso. Falar sobre coisas importantes é permitido. Ninguém se preocupa com o que você fala — só não tente fazer alguma coisa. Continue a criar belas ideias, mas nunca as coloque em prática.
Ela irritou os ricos do país porque estava fazendo algo pelos pobres, e irritou os pobres porque o que fez foi contra as tradições deles. Por exemplo, ela impôs o controle de natalidade. As massas indianas não podem tolerar isso. Durante milhares de anos pensaram que é Deus quem dá os filhos, e quem é você para impedi-lo? Isso é uma dádiva de Deus, essa tem sido a ideia.

Agora a dádiva está se tornando muito perigosa. A dádiva está se tornando tão perigosa que é quase suicida. Nenhum político teria tentado isso. Deixe todo o país rumar para a morte — quem se importa?

Desde que Morarji Desai assumiu o poder, todos os problemas de controle de natalidade foram postos de lado. E essa é a única esperança para este país. Se este país puder sobreviver, a única esperança é reduzir sua população. Já há pessoas demais. Setenta e cinco por cento das pessoas estão vivendo abaixo dos padrões humanos. Cinquenta por cento das pessoas estão quase morrendo de fome. Daqui a 25 anos, no final deste século, todo o país estará morrendo de fome. Mas esse não é o ponto.

O político só pensa em seu poder agora. Ele será primeiro-ministro por cinco ou dez anos, no máximo. Quem se importa com o que acontecerá depois? Por que ele deveria arriscar seu poder e sua posição? Indira Gandhi arriscou. Por isso eu digo que ela é a pessoa menos política entre os políticos indianos.

Em segundo lugar, ela começou a ser bem-sucedida em seus programas. Isso é perigoso, você não deveria ser bem-sucedido. Se o homem no poder fracassa, todos os outros políticos ficam felizes. Porque o fracasso do homem que está no poder é a chance deles. Se o homem no poder é bem-sucedido, não há nenhuma chance de eles algum dia chegarem ao poder. E ela foi a primeira chefe de governo indiana a ser bem-sucedida em introduzir certa ordem no país, em criar certa disciplina no caos. Foi bem-sucedida em elevar o padrão de vida das pessoas. Foi bem-sucedida em ajudar as pessoas a ser mais produtivas e menos destrutivas. Foi bem-sucedida de muitos, muitos modos.

> *"O político só pensa em seu poder agora. Quem se importa com o que acontecerá depois?"*

Mas isso enfurece outros políticos. Agora, qual é a chance deles? Outros políticos só vivem do fracasso daqueles que estão no poder. Eles não deveriam ser bem-sucedidos. Não há nada mais perigoso do que ser bem-sucedido. Isso é estranho, mas é um fato da história humana. Se alguém é bem-sucedido, seu próprio sucesso terá um resultado negativo para essa pessoa. Se Indira tivesse fracassado, não teria havido qualquer problema. Os políticos que eram contra ela teriam permanecido divididos, e se estivessem divididos não haveria nenhum perigo para ela. Mas ela começou a ser bem-sucedida, e as chances de eles chegarem ao poder passaram a se tornar cada vez menores. Eles se uniram, tinham de se unir. Isso era uma questão de vida ou morte para eles — não mais uma questão de ideologias.

Um fenômeno estranho, muito estranho, ocorreu na Índia. Morarji Desai é seguidor de Mahatma Gandhi, e está no poder com a ajuda daqueles que assassinaram Mahatma Gandhi. Estranhos companheiros! Mas quando a questão é de vida ou morte, quem liga para ideologias? As ideologias são boas como joguetes, brinquedos. Todos os políticos indianos de diferentes atitudes, abordagens e ideologias diametralmente opostas, unidos, se tornaram uma força contra Indira Gandhi. Por quê? Como isso aconteceu? Ela estava sendo bem-sucedida.

Os políticos somente fingem; eles realmente nunca fazem nada. Mas ela era sincera; realmente estava tentando fazer algo por seu país. É por isso que esse país jamais poderá perdoá-la.

Em terceiro lugar, a burocracia indiana é a pior do mundo. Nenhum trabalho é feito. Arquivos apenas vão de uma mesa para outra, anos após anos.

Conheci um homem que atuou em um único caso nos tribunais durante toda a sua vida — por quase 50 anos! Todos os juízes morreram. Todos que tentaram atuar no caso, morreram — todos os advogados de defesa e acusação. E finalmente ele próprio morreu, mas o caso não estava concluído. Não só os juízes e os advogados morreram, como até mesmo o governo mudou. Em 1947, a Índia se tornou independente. O caso fora iniciado pelo governo inglês. Até mesmo o governo acabou, outro governo chegou ao poder, mas o caso continuou.

Se você quer fazer algo por esse país, é impossível, por causa da burocracia. Você tem de forçar essa burocracia a fazer coisas. A burocracia estava irritada. Foi realmente a burocracia que enganou Indira Gandhi. Ela recebeu falsos relatórios. Ela recebeu falsos relatórios de que sua posição era firme, de que poderia permitir uma eleição, que seria vencedora. Ela dependia dos relatórios da burocracia. Esses relatórios eram falsos. A burocracia estava totalmente contra ela. Ninguém jamais os havia forçado a fazer algo, e ela os estava forçando a fazer coisas.

Desde que Morarji assumiu, a burocracia está perfeitamente feliz. Mais uma vez, as coisas estão se movendo em um ritmo tão lento que nada nunca anda. O próprio Morarji é um burocrata; começou sua vida como funcionário menor da administração civil. Ele sabe como a burocracia funciona; ele não interfere. Se você está ali apenas para ter poder — essa é a mente do político —, você não interfere. Você não faz tantos inimigos.

Os ricos eram contra Indira porque ela tentou melhorar um pouco a situação difícil dos pobres. Os pobres ficaram zangados porque ela lhes impôs o controle de natalidade, e isso só pode ser feito à força — caso contrário, não é possível. A burocracia ficou contra porque ela forçou a burocracia a fazer coisas, implementar coisas, e rapidamente. Todo o país estava furioso. Se ela fosse uma política, isso não teria acontecido.

Em quarto lugar, ela impôs uma Emergência. Ela foi direta. Se fosse uma política, teria feito tudo que se faz em uma Emergência sem impor a Emergência. É isso que está sendo feito agora. Tudo está sendo feito como foi feito na Emergência, mas sem declará-la. O político astuto sempre funciona indiretamente, não diretamente. Ele não é direto.

Morarji Desai disse, em uma de suas entrevistas para a BBC... Foi perguntado pelos homens da BBC, particular e deliberadamente questionado por vocês sobre o trabalho que está sendo feito aqui: "Você nos dará liberdade para fazer filmes em seu país?" Ele disse: "Eu permitirei, a menos que seja perigoso para nossa defesa."

Agora, como meus *sannyasins* são perigosos para a defesa do país? Fazendo dinâmica e kundalini, dançando e cantando, como eles podem ser perigosos? Se há algo que Morarji considera perigoso, ele pode simplesmente dizer às pessoas da BBC e todas as outras agências de TV que pediram para filmar o *ashram*: "Façam seu filme, mas seu filme terá de passar pela censura." Tão simples! Se você achar que algo será contra o seu país, poderá cortá-lo. Mas essa é uma mente política astuta. Fale sobre liberdade, apenas fale sobre liberdade, isso é tudo — e crie mais e mais amarras para o povo.

Indira era direta, ela declarou Emergência. Foi honesta. A Emergência era necessária. O país só pode ser mudado se as coisas forem levadas muito a sério, como se o país estivesse em guerra. A menos que as coisas sejam feitas nessa proporção e intensidade, como se o país estivesse em guerra, nada acontecerá. E a guerra está aí.

A guerra é contra a explosão populacional. Essa é uma guerra muito mais perigosa do que uma guerra contra o Paquistão ou a China, porque a China não pode destruir você. Talvez a China possa conquistar alguns quilômetros de terra, mas a explosão populacional é o verdadeiro inimigo. As crianças que vão nascer o destruirão. A situação é perigosa. Essa é a maior crise que a Índia já enfrentou, e não se sabe como enfrentá-la. As coisas têm de ser levadas a sério.

Esse foi o esforço por trás da imposição da Emergência. Mas impor uma Emergência em um país democrático é perigoso. Isso só pode ser feito por uma mente não política. Só pode ser feito por alguém que realmente quer mudar a situação, a qualquer custo. Ela arriscou seu poder, sua posição como primeira-ministra, para mudar o curso da história deste país.

Essa Emergência enfureceu os jornalistas e outras pessoas da mídia. E nenhum político gosta de enfurecer os jornalistas, porque depende muito, depende demais, deles. Pode ser seguramente dito que cinquenta por cento da queda de Indira são de responsabilidade dos jornalistas indianos. Eles estavam cada vez mais furiosos. Eles não podiam fofocar, não podiam espalhar boatos, não lhes era permitido o que chamam de "liberdade da imprensa". Então, quando a Emergência foi removida, eles realizaram uma grande vingança. É assim que a mente humana funciona. Um político teria previsto isso.

Em quinto lugar, o filho de Indira, Sanjay Gandhi, entrou para a política. Um verdadeiro político, um político astuto, teria permitido que ele entrasse apenas pela porta dos fundos; caso contrário, outros ficariam enciumados. Ela lhe permitiu entrar pela porta da frente, e todo o país ficou enciumado.

Não há nenhum motivo para impedir alguém de entrar para a política. Mesmo se essa pessoa for o filho da primeira-ministra, tem todo o direito de entrar para a política, como qualquer um. E Sanjay Gandhi tinha potencial. Não havia nada de errado nisso, mas deixá-lo entrar pela porta da frente é uma coisa não política. Ela agiu mais como mãe e um ser humano do que como uma política astuta.

Seu próprio pai nunca permitiu que ela entrasse pela porta da frente; ele era mais cauteloso. Repetidamente lhe perguntavam: "Quem o sucederá?" Ele jamais mencionou Indira Gandhi — nunca! Certa vez falou para um amigo: "Não posso dizer o nome do meu sucessor porque, se eu o fizer, não haverá possibilidade de a pobre pessoa me suceder. A simples menção enfurecerá todas as outras pessoas concorrentes, e elas se unirão contra ele." Tudo indica que Gandhi queria dizer "ela", não "ele". Ele era um político muito mais experiente do que Indira Gandhi; ele sabia como a política funciona.

A própria Indira Gandhi entrou pela porta dos fundos. Mas ela é muito mais mãe do que política; ela deixou Sanjay Gandhi entrar pela porta da frente. Isso era perigoso, e se tornou uma das causas importantes de sua queda. E era ainda mais perigoso porque Sanjay tinha potencial. Mais cedo ou mais tarde ele se tornará primeiro-ministro. Ele tem potencial e coragem. Isso é inevitável. Mas Indira estava agindo não politicamente.

Morarji Desai é mais astuto. Seu filho também está lá, mas sempre nos bastidores. E aqueles ainda mais interessados no poder podem ir mais longe. O ministro-chefe de Haryuana, Devi Dayal, rejeitou seu filho e salvou sua posição — salvou seu poder e rejeitou seu filho. É assim que um político age.

Indira Ghandi arriscou seu poder e tentou salvar seu filho. Esse não é o modo de agir de um político — talvez o modo de agir de uma mãe, de um ser humano.

Em sexto lugar, o maior erro que um político pode cometer, o erro mais primário e óbvio: Indira Gandhi prendeu seus adversários políticos juntos. Isso é um absurdo! Até mesmo um homem como eu, que não tem nada a ver com política, pode ver que é totalmente absurdo. Se você prende todos os inimigos juntos, os força a se unirem contra você.

Ela deveria ter estudado um pouco mais Maquiavel. Isso é muito simples; um político nunca o faria. Mantenha pelo menos metade dos inimigos soltos, e metade dos deles presos. Mantenha-os lutando, mantenha-os separados, porque é o único modo de governar — dividindo. Isso é totalmente estúpido — prendendo todos os seus inimigos juntos você, praticamente, os força à união; eles não podem evitá-lo. Agora você é o inimigo de todos eles.

Eles se tornaram amigos e concluíram que, se unindo, Indira seria derrotada. Tinham estado cegos por 30 anos; por 30 anos tinham permanecido divididos. Subitamente, Indira os uniu, e eles se tornaram conscientes: "Isso é muito simples. Se nós nos unirmos, Indira será derrotada." O Partido do Congresso tinha governado por 30 anos porque os inimigos estavam divididos. Indira funcionou como não política.

E em sétimo lugar, após a Emergência, imediatamente após a Emergência e depois de um grande esforço para impor o controle da natalidade à população — quando ricos, pobres, jornalistas e todos estavam furiosos —, ela convocou uma eleição geral. Mais uma vez, isso é incompreensível.

Se ela tivesse me perguntado, eu teria lhe dito: "Espere pelo menos um ano. Remova a Emergência, espere um ano." Esse ano teria sido suficiente. A raiva dos jornalistas teria diminuído. As pessoas teriam esquecido a imposição. As pessoas têm memória muito curta. E dali a um ano inimigos, todos os inimigos políticos, teriam voltado a seus velhos hábitos, e recomeçado a brigar entre si.

Convocar imediatamente uma eleição geral no país foi totalmente não político. Foi assim que ela acabou derrotada.

Por causa desses erros, eu digo que ela é a menos política de todos os políticos indianos, e por isso a abençoei. Eu a abençoei e a abençoo de novo.

CAPÍTULO 6
Uma humanidade dividida

Em todo o mundo, pessoas estão sendo torturadas. Nos tempos atuais, há relatos diários de inacreditáveis atrocidades cometidas pelo homem contra o homem. De onde surge esse desejo de torturar os outros? Esses atos pervertidos surgem de uma profunda frustração e da necessidade de se vingar da sociedade? Por favor, comente.

Toda a história do homem é uma história de tortura, assassinato, estupro. Mas no passado não era possível saber o que acontecia em todo o mundo, as pessoas só sabiam o que se passava localmente. Agora, o planeta se tornou tão pequeno que em uma questão de minutos, onde quer que algo aconteça, a notícia se espalha para todo o mundo. A mídia tornou as pessoas conscientes da realidade do homem. No passado, ela permanecia oculta. Agora aflorou.

Há motivos pelos quais o homem é tão desumano. Os motivos são muitos, mas os mais importantes deveriam ser entendidos. Um deles é que todas as religiões do mundo têm ensinado coisas não naturais à humanidade — celibato, renúncia aos prazeres e confortos da vida, viver na pobreza. Durante séculos elas disseram essas coisas para as pessoas e as mantiveram ignorantes, analfabetas. Mas uma explosão educacional no mundo contemporâneo criou um tremendo problema. Agora as pessoas sabem que aquilo que lhes foi dito não era certo — não estava de acordo com as leis da natureza, era contra a natureza. Elas estão cheias de raiva de todo o passado. As religiões corromperam suas mentes, as levaram a práticas sexuais pervertidas. As religiões jogaram os homens uns contra os outros. Há 300 religiões na Terra, e cada qual afirma ser a única verdadeira, e que todas as outras são falsas.

> *"De todos as maneiras, a ciência tornou toda a humanidade uma só."*

Quem tem um pingo de inteligência pode ver que só é possível haver um tipo de religiosidade, sem nome — exatamente como a ciência. Você não diz ciência judaica, ciência muçulmana, ciência hindu, ciência cristã. Basta dizer ciência, suas regras são universais.

A religião é a ciência do mundo interior. Suas regras também são universais. Mas essas 300 religiões têm ensinado exatamente o oposto. Têm ensinado rituais que não o conduzem para dentro. Têm ensinado sobre um Deus que vive acima das nuvens; ninguém o viu. Têm ensinado mandamentos escritos 3 mil, 5 mil anos atrás — escritos, e você tem de viver de acordo com eles.

Elas o engaiolaram. De todos os modos possíveis, você foi acorrentado —não só seu corpo, mas seu espírito. Por isso atrocidades estão aflorando em toda parte. Elas afloraram ao longo dos tempos, mas não havia mídia para informá-lo da realidade que ocorria em todo o planeta. Não havia educação. Agora você — seja judeu ou cristão, hindu ou budista — é educado do mesmo modo, na mesma ciência, nas mesmas leis. De todos as maneiras, a ciência tornou toda a humanidade uma só. Mas as religiões continuam carregando o ranço do passado, dividindo e jogando os homens uns contra os outros.

A violência reprimida durante séculos tem de chegar a um clímax. As pessoas querem se vingar, porque foram maltratadas, enganadas por pessoas em quem confiavam — por seus profetas, messias, suas encarnações de Deus. Essas pessoas foram as maiores criminosas. Elas dividiram a humanidade. Dividiram você, o separaram em corpo e alma: você tem de torturar seu corpo se quiser conhecer a alma. Então, por milhares de anos, as pessoas torturaram seus corpos: era a única maneira de se tornarem santas. Mas agora é difícil convencer as pessoas de que, torturando seus corpos, elas se tornarão santas. Não parece haver qualquer sentido nisso. A humanidade tem sido dividida em homem e mulher. Metade da humanidade consiste em mulheres, e elas têm vivido uma vida de escravidão, tortura, indignidade. Elas estão se rebelando. Inconscientemente, o homem está se rebelando contra o passado. Está enfurecido com toda a história humana. E está tão cheio de raiva e violência que qualquer pequena coisa as provoca, e as faz se espalhar como fogo.

Outro motivo é que o homem está tremendamente frustrado, porque no passado os líderes da humanidade lhe deram esperança, esperança de um paraíso após a morte. Nem uma única pessoa voltou após a morte e deu seu testemunho de que existe um paraíso, um Deus, de que seus atos serão julgados, de que você será lançado no inferno eterno ou no paraíso de felicidade eterna.

Ninguém jamais voltou. Ninguém sabe nada sobre a vida após a morte, e as pessoas têm sacrificado o presente por um futuro desconhecido. Agora elas não podem mais fazer isso; já o fizeram por tempo suficiente. Elas querem o paraíso aqui e agora. Os líderes não podem lhes dar as coisas boas que prometeram. Após a morte, é claro, eles estão prontos para oferecer tudo que você quiser, mas as pessoas querem agora. Isso cria grande desesperança, frustração, ausência de sentido.

Não tem sido ensinado às pessoas a arte de viver lindamente, a arte de ser gracioso, a arte de ser silencioso, meditativo. Em vez de lhes ser ensinado essas realidades autênticas, o que pode ser feito agora mesmo, suas mentes foram tiradas do presente para um futuro desconhecido — que ninguém sabe se existe ou não. Como as pessoas se tornam instruídas, educadas, agora podem ver o grande engano. Elas foram enganadas, e surge uma grande raiva. Não só suas vidas, como milhões de vidas foram exploradas durante séculos por esses trapaceiros.

> "O homem tem imensa capacidade de amar. Se lhe for dada liberdade para amar, ele nunca fará nada que vá contra o amor."

Os sacerdotes religiosos são parasitas que sugam seu sangue. Agora é absolutamente impossível que essas religiões continuem a existir. Elas deveriam desaparecer graciosamente e dar lugar a um novo estilo de vida, mais centrado no presente, para que algo possa ser feito pela psicologia humana.

O homem tem imensa capacidade de amar. Se lhe for dada liberdade para amar, ele nunca fará nada que vá contra o amor. O homem tem imensa capacidade de ser compassivo. Ele não cometerá violência sob nenhuma desculpa. Ele tem de ser desperto! As religiões têm lhe dado ópio, e durante milhares de anos o tornaram totalmente inconsciente. Isso era bom para elas — permitia que elas explorassem as pessoas facilmente. Todos os interesses velados se uniram: o político, o sacerdote, o pedagogo, todos se uniram, porque, se o homem despertasse, não haveria necessidade alguma de políticos; ele os veria como criminosos. Não haveria necessidade de sacerdotes; ele os veria como os maiores trapaceiros que já existiram.

O papa cita Jesus Cristo, e durante séculos você ouviu: "Bem-aventurados os pobres." Os ricos são amaldiçoados porque até mesmo um camelo pode passar pelo buraco de uma agulha, mas um rico não pode passar pelos portões do paraíso.

E por que as pessoas são pobres? Todas as religiões têm dado explicações — tem de haver uma. Para os cristãos, você é pobre porque Deus o ama muito. Você é abençoado, Ele o está preparando para o paraíso. Isso é um teste da sua confiança. E para o cristianismo, o islamismo e o judaísmo, só há uma vida. Então o rico nasce sem uma vida passada, em que poderia ter cometido maus atos; por isso Deus não lhe deu o teste de confiança e lhe tirou a oportunidade de entrar no paraíso.

Um Deus estranho! Ele cria pessoas ricas, com conforto e luxo, porque é contra elas. Mas por que Ele é contra elas? Elas não fizeram nada. Isso é apenas a vida delas. Porque Ele escolheu umas poucas pessoas para serem ricas e muitas para serem pobres? Todas essas explicações são besteiras, e a mente contemporânea está começando a entender isso, essas eram estratégias para manter os pobres na pobreza e tornar os ricos ainda mais ricos.

Em um país como a Índia, nunca houve revolução, embora todo o país seja pobre. Todas as riquezas do país estão nas mãos de umas poucas famílias. Todo o país está passando fome, morrendo de inanição, mas até agora eles aceitaram isso pacientemente.

Há um limite para tudo. Agora eles estão furiosos. Sabem que foram enganados, totalmente enganados. Então haverá conflitos, mortes. E a responsabilidade é de seus profetas, seus messias, seus mensageiros de Deus — e, finalmente, de Deus. Se Deus existe em algum lugar, Ele é o maior criminoso. Criar um mundo com tanta raiva, ódio, violência...

> "Deus é a invenção de interesses velados."

Isso é estranho. Você cria algo errado e, se ele se comporta mal, você o pune. Quem tornou você um ser sexual? Se Deus queria o celibato, isso não seria problema para Ele. Se Ele pôde criar todo o mundo em seis dias, não poderia fazer o homem nascer sem sexo, sem ganância, sem ciúme, sem raiva, sem ódio? Não, Deus criou o homem cheio de todas essas coisas. E você não precisa aprender a ter raiva, ódio, ciúme; essas coisas são instintivas, foram dadas por Deus.

Meditação você terá de aprender — Deus não lhe deu isso. Esse Deus deve ser doido! Não deu a coisa mais preciosa: a arte de se conhecer. De fato, Ele era contra todo conhecimento. Impediu Adão e Eva de comerem os frutos da árvore do conhecimento e da árvore da vida eterna. Você pode considerar divino esse Deus que impede seus filhos de ter sabedoria e sentir o gosto da vida eterna? Essas são as duas coisas em que Ele deveria ter insistido: "Primeiro provem dessas duas árvores, depois, todo o Jardim do Éden será seu."

Mas esse Deus é a invenção de interesses velados. Os sacerdotes jamais quiseram que as pessoas fossem educadas, jamais quiseram que as pessoas se tornassem inteligentes, porque aí está o perigo. Com sua educação e sua inteligência, as pessoas começam a fazer perguntas. E os sacerdotes não têm qualquer resposta autêntica, porque tudo que eles criaram em nome da religião é ficção — uma ficção feia. Em toda parte a nova geração está se tornando consciente de que esse Deus tem de ser descartado. Nietzsche disse: "Deus está morto, e o homem está livre." Mas a geração mais nova não quer que Deus esteja morto, ela mesma quer matá-lo. Apenas uma morte fácil não basta; eles querem assassiná-lo! O homem envelheceu, está maduro. Pode ver como foi enganado, e tem de destruir tudo que o enganou.

Mas os sacerdotes são muito astutos, a astúcia é sua profissão. Eles são exploradores profissionais, parasitas, porque durante séculos não fizeram outra coisa: eles se tornaram muito habilidosos. Em vez de permitir a você queimar a Bíblia, se livrar do Vaticano, matar Deus, eles continuam a distraí-lo — cristãos contra muçulmanos, muçulmanos contra hindus, hindus contra budistas. Você está tão cheio de raiva que perdeu toda a razão, simplesmente quer destruir. E os sacerdotes estão usando essa situação. Se não a usarem, você os destruirá! Então, em todo o mundo, religiões estão lutando, nações estão lutando, raças estão lutando.

Quem está criando tudo isso? As pessoas que o dominaram durante séculos sabem perfeitamente bem que sua raiva, seu ódio, tem de ser desviado; caso contrário, eles serão os alvos.

Todos eles estão contra mim por um único motivo — porque eu quero que sua raiva vá na direção certa. Não quero desviá-la. Quero que você medite e, em silêncio, veja o que foi feito ao homem em toda a história. E em seu silêncio e sua paz, se você sentir que algo tem de ser destruído porque está impedindo o crescimento do homem, a consciência dele, essa destruição será totalmente diferente. Não será de pessoas; não será de seres humanos que pertencem a outros grupos. Não será de americanos e soviéticos — ambos foram explorados por diferentes tipos de sacerdotes.

> *"Eu quero que você medite e, em silêncio, veja o que foi feito ao homem em toda a história."*

O comunismo é a religião mais recente. Tem seus próprios sacerdotes, e seu próprio sagrado *Das Kapital*. Tem sua própria trindade — Marx, Engels, Lênin. Substituiu a antiga religião. Não há nenhuma necessidade de os americanos destruírem os russos soviéticos, ou os russos destruírem os americanos. Se nós somos inteligentes, todos os políticos — soviéticos e americanos — deveriam ser imediatamente aprisionados. E as massas podem fazer isso! Elas só têm de despertar para quem é o verdadeiro inimigo.

As fronteiras de todos os países deveriam ser eliminadas. Elas não existem na Terra, somente no mapa. Toda a humanidade é uma só, e toda a humanidade deveria juntar todas as suas energias. Podemos tornar este planeta um paraíso.

Vivemos confortavelmente aqui, desfrutamos de tudo que é belo. Nós nos rejubilamos, dançamos, cantamos — você não verá rostos tristes aqui. E ninguém está preocupado com o Deus — estranho! Ninguém está preocupado com o céu e o inferno. São questões estúpidas. Por que desperdiçar sua inteligência com questões estúpidas?

As pessoas são muito amorosas, muito compassivas — só precisam se conscientizar de seu grande potencial. As pessoas são inteligentes — só precisam ter chance de aguçar sua inteligência. Todo o mundo tem sido alimentado com a ideia da crença. Todas as religiões querem que você creia, tenha fé. Isso destrói sua inteligência. Esse é o modo de elas destruírem sua inteligência, mantê-lo estúpido. Em minha comunidade, não existe crença.

Nós acreditamos, duvidando, porque a dúvida aguça a inteligência, formula perguntas para as quais temos de encontrar respostas. É assim que sua inteligência se torna aguçada. Nós ensinamos dúvida, ensinamos ceticismo, ensinamos agnosticismo. Agnosticismo significa ser sincero em relação a uma coisa — o que você sabe e o que você não sabe.

Os Escoteiros da América rejeitaram e expulsaram um jovem brilhante — de apenas 14 anos. Ele era seu melhor cadete; sempre foi o primeiro em tudo. Por que ele teve de ser expulso? Por um único motivo: era um garoto inteligente. Eles estavam preenchendo o formulário para uma promoção, no qual era perguntado: "Você acredita em Deus?" Ele simplesmente disse: "Eu não sei. Não conheço Deus, como posso acreditar ou desacreditar?"

"Nós acreditamos, duvidando, porque a dúvida aguça a inteligência, formula perguntas para as quais temos de encontrar respostas."

Você vê como a inteligência das pessoas é eliminada? Um garoto está sendo agnóstico, e absolutamente correto. Ele diz: "Eu não sei. E sem saber você me pede para acreditar?" Em vez de responder, eles o expulsaram. É absolutamente necessário que todos os escoteiros acreditem em Deus. Modos traiçoeiros de manter as pessoas estúpidas!

Na Primeira Guerra Mundial, pela primeira vez psicólogos sugeriram que, quando os soldados fossem recrutados, sua idade mental fosse avaliada. E todos ficaram chocados porque a idade mental média de todos os soldados era de apenas 13 anos! As coisas não mudaram. Você pode ter 80 anos e uma idade mental de 13. Naturalmente, você enfrentará angústia, tensão, preocupações. Irá se ver em uma situação muito confusa. Seu corpo pode crescer, e sua mente, parar. Desde a primeira infância você tem de acreditar em alguma religião, em algumas ideias totalmente fictícias, grandes mentiras. E quando a criança começa a acreditar em grandes mentiras, sua inteligência para de se desenvolver.

Aqui nós não temos um sistema de crença, não temos nenhuma fé em que você possa ser doutrinado. Permitimos às pessoas ser o mais agnósticas possível. E por que ter medo? Se Deus estiver lá e você perguntar, questionar, O encontrará. O medo é que se você duvidar e perguntar, não O encontrará. É por isso que a dúvida tem de ser, desde o início, totalmente eliminada de sua mente.

A dúvida é o método da ciência. Cientistas não têm medo; eles continuam duvidando e questionando cada hipótese, experimentando. E se chegam a uma conclusão apoiada em evidências, apoiada em experimentos e pela inteligência, e você não pode duvidar dela, ela é aceita. E, mesmo assim, só é aceita hipoteticamente, porque talvez amanhã você possa ter instrumentos melhores, mentes melhores, pessoas melhores, capazes de encontrar algumas lacunas nela. Elas podem descobrir que outra coisa é mais exata, mais correta.

> "A dúvida é o método da ciência. Cientistas não têm medo; eles continuam duvidando e questionando cada hipótese, experimentando."

Portanto, na ciência não há nenhuma crença, nunca. A dúvida leva você a uma hipótese. A hipótese significa que, temporariamente, você acredita nisso —, mas somente por algum tempo. Se amanhã alguém for em frente e declarar que não podemos avançar, a velha hipótese será descartada e outra ocupará seu lugar, até você chegar a algo indubitável. Mas isso é uma grande surpresa. No momento em que encontra o indubitável, você não acredita nele, não há nenhuma necessidade de acreditar. Isso é sua própria experiência. A verdade não precisa de crença. Somente as mentiras precisam de crenças.

"*A verdade não precisa de crença. Somente as mentiras precisam de crenças.*"

Certamente, toda a geração jovem ao redor do mundo está com muita raiva. Mas temos de tornar os jovens conscientes... Porque, se os líderes que o exploraram ainda são seus líderes, eles explorarão sua raiva também, irão conduzi-la em direções erradas. E é isso que está acontecendo.

Na Índia, minha experiência foi a de que era muito fácil criar um conflito. Por exemplo, os muçulmanos acreditam que a música é algo maléfico; por isso, na frente de suas mesquitas, você não pode tocar música — seja uma flauta ou uma banda. Você tem de parar de tocar, passar em silêncio pela frente da mesquita e depois, recomeçar. Até mesmo nos casamentos... Na Índia, a procissão do casamento é algo lindo de se ver — música, dança. Mas se a procissão passar na frente de uma mesquita e continuar a tocar sua música e dançar, imediatamente haverá um conflito. Logo hindus estarão matando os muçulmanos e os muçulmanos estarão matando os hindus.

Se você quiser iniciar um conflito, é só pendurar uma vaca morta na frente de um templo hindu — não importa se a vaca morreu de causas naturais —, e imediatamente incendiará toda a cidade. Ninguém pode fazer isso! Os políticos fazem isso continuamente. Os líderes religiosos fazem isso continuamente. Sempre que veem que a raiva está se voltando em sua direção, imediatamente fazem algo pequeno; a raiva muda de direção e as pessoas destroem a si mesmas.

A outra coisa a entender muito profundamente é que os cientistas descobriram que todos os animais têm um imperativo territorial. O animal tem um território; por exemplo, um espaço de 30 metros ao seu redor, onde ninguém deveria entrar. Se você ficar fora do território, ele não se irritará e você poderá permanecer nele. Mas no momento que você ultrapassa o limite, imediatamente o animal se torna perigoso.

Todo animal tem um imperativo territorial. O homem vem do mundo animal. Todo mundo, de vez em quando, quer ficar sozinho. Sempre em uma multidão... O que aconteceu com seu território? Por que você se sente à vontade em sua casa? Por que você se sente ótimo em uma vasta floresta ou sentado na praia vendo o imenso oceano? Isso lhe dá uma vasta área ao seu redor, o que é algo muito essencial. Mas o mundo está superlotado. Essa superlotação é um dos motivos psicológicos pelos quais as pessoas estão tão irritadas. Em qualquer momento, por qualquer coisa, elas estão prontas para lutar — em 3 mil anos, o homem lutou em 5 mil guerras.

Todos se sentem usurpados; e o papa, o *shankaracharya*, o aiatolá Khomeini — todos eles continuam a pregar contra o controle da natalidade, contra o aborto, contra a pílula. Eles querem que o mundo se torne tão lotado — e se tornará! — que não haverá espaço para mover um cotovelo. Não haverá necessidade de ir a nenhuma reunião; onde quer que você esteja, estará em uma reunião. Mas esses idiotas continuam dizendo, em todo o mundo... A Índia está cinquenta por cento pronta para se tornar outra Etiópia. Na Etiópia morrem mil pessoas por dia, todos os anos. Agora isso não é mais nenhuma novidade, ninguém se importa. Foi aceito que morrem mil etíopes por dia. Logo isso ocorrerá na Índia. Logo esse será o caso em outros países do Terceiro Mundo, porque todos estão crescendo muito rápido. E ninguém está pronto para dizer a essas pessoas que elas estão ensinando simples besteiras.

O papa visita a África, onde a taxa de natalidade é a mais alta do mundo. As pessoas são miseráveis, e ele lhes ensina que elas não deveriam usar qualquer método de controle da natalidade; isso vai contra Deus. Mas não há muita diferença entre a Etiópia e a América, porque na América também há pessoas como o reverendo Falwell, que prega contra o aborto, contra o controle da natalidade. E qual é o motivo? Porque Deus está enviando os filhos para as pessoas, e você O impede. Isso é contra Deus. Mas não consigo entender que Deus não possa fazer sumir com uma pequena pílula. Ele conseguiu dividir o mar para Moisés e todos que o acompanhavam passarem. Ele foi contra a lei da natureza, fez Jesus Cristo nascer sem ser gerado por um pai. Ele parece ser um homem habilidoso, pode sumir com a pílula! E pode mudar a natureza da pílula de modo que a mulher que a tomar tenha dois filhos em vez de nenhum. Naturalmente, as pessoas pararão de tomar a pílula, porque isso é perigoso; você não pode ir contra Deus. Se Deus quer pessoas, Ele pode criá-las.

Há muitos milhões de planetas, muitos sistemas solares, mas somente a Terra evoluiu ao ponto da consciência humana, somente na Terra houve umas poucas pessoas que atingiram a consciência máxima — a iluminação.

Por que destruir este planeta? Ele enriqueceu toda a existência, e o restante da existência está vazio. Deus pode enviar pessoas para qualquer outro planeta, qualquer outro lugar. Mas não, o reverendo Falwell quer que Deus continue a enviar pessoas para cá. Madre Teresa quer mais pessoas aqui. O papa quer mais pessoas aqui, porque essas pessoas pobres são vulneráveis, estão prontas para se tornar cristãs, católicas. Essas pessoas pobres e seus filhos estarão nas ruas, e Madre Teresa pode reunir os órfãos e torná-los católicos.

> "Pessoas pobres são necessárias, porque as religiões não podem converter pessoas ricas."

E pessoas pobres são necessárias, porque as religiões não podem converter pessoas ricas. Os ignorantes são necessários, os órfãos são necessários, porque os cristãos não podem dominar os instruídos. Seus próprios jovens instruídos estão escapando ao seu controle. Suas igrejas estão vazias, a geração mais jovem não as frequenta mais. Eles precisam encher suas igrejas, suas congregações, e seus rebanhos devem vir de países pobres. E os pobres não podem ir contra o que eles dizem, que Deus envia pessoas. Foi aceito durante séculos que Deus envia pessoas.

Ninguém sabe nada sobre Deus, e se Ele é onipotente, todo-poderoso, então, o que quer que você faça — qualquer método de controle de natalidade, aborto —, Ele é todo-poderoso, não pode fazer algo para você não o impedir de enviar pessoas?

Deus não pode fazer nada porque Ele não existe! Esses reverendos, papas e bispos são as pessoas que querem que o mundo se torne o mais pobre possível — porque o homem pobre está pronto para rezar, pronto para ir à igreja. O homem pobre sempre está pronto para o paraíso, o céu, o inferno. Ele não tem inteligência e coragem para negar nada. Ele já está sofrendo, como pode negar a existência do paraíso? Essa é sua única esperança, que após a morte... É só uma questão de mais alguns anos de sofrimento, e então haverá uma eternidade de prazeres — todos os prazeres que as religiões negam, renuncie aqui! Estranho argumento... Estranha lógica.

Os muçulmanos não podem tomar bebidas alcoólicas aqui na Terra, mas no céu deles há rios de vinho, champanhe e todos os tipos de bebidas alcoólicas à escolha. Rios fluindo, não garrafas — você pode beber, pular, nadar e mergulhar nelas, pode fazer qualquer coisa! Aqui, o álcool é um pecado. Você não pode ver a estupidez da lógica? Aqui isso é pecado. Aqueles que não bebem se tornarão virtuosos, entrarão no paraíso. E, lá, esses santos serão recompensados com belas mulheres que sempre permanecem jovens, que não transpiram, não precisam de nenhum desodorante; elas estão sempre frescas e virgens. Sua virgindade é preservada; todos os santos podem fazer amor com elas, e elas permanecerão virgens.

Seus santos — que aqui na Terra renunciaram à mulher, ao lar, à família, a todos os confortos, e viveram na pobreza — serão recompensados com essas coisas? Até onde posso ver, esses santos ficarão simplesmente chocados ao entrarem no paraíso e virem outros papas fazendo amor embaixo das árvores. Eles não vão conseguir acreditar nisso.

Eu ouvi falar...

Mas as pessoas pobres sempre esperaram pelo paraíso. Essa esperança as mantêm sofrendo pacientemente; caso contrário, não haveria nenhum motivo para elas sofrerem. Apenas um pouco de compreensão.

A população tem de diminuir, e imediatamente; com a população diminuindo, todas as atrocidades cessarão. As pessoas precisam de espaço. Todos precisam de espaço, esse espaço dá às pessoas paz espiritual. Todos querem viver de modo confortável e luxuoso — isso é natural. Mas este pequeno planeta não pode sustentar tantas pessoas.

Papas, *shankaracharyas*, reverendos Falwells — todas essas pessoas deveriam estar atrás das grades, condenadas à prisão perpétua. Essas pessoas são animais selvagens soltos no mundo! Elas deveriam ser domesticadas, e, nesse caso, entrar para um circo — mas não no mundo de novo. A população mundial tem de ser um quarto do que é. Então todos terão espaço, todos terão o suficiente — mais do que o suficiente; todos ficarão satisfeitos, felizes, nutridos.

> "Todos querem viver de modo confortável e luxuoso — isso é natural. Mas este pequeno planeta não pode sustentar tantas pessoas."

E o mundo só precisa de uma coisa — não de grandes escrituras, apenas de um método simples para você se tornar silencioso, se tornar você mesmo, ir para seu centro mais íntimo. Esse centro é o templo, a sinagoga, a igreja. Não há nenhuma outra igreja, nenhuma outra sinagoga.

Não vá a lugar algum. Vá para dentro, para seu centro mais íntimo. E lá está seu paraíso, sua sabedoria, sua vida eterna. Um homem que conhece sua sabedoria e sua vida eterna não pode se comportar como as pessoas estão se comportando no mundo.

Todos os políticos deveriam ser forçados a participar de uma escola de meditação e, a menos que nela se formassem, não poderiam ocupar qualquer cargo político. Todos os políticos, a não ser que sejam meditativos, estão desqualificados. Se eles têm algum senso de dignidade, deveriam renunciar, renunciar imediatamente a seus cargos. Eles não se conhecem, o que estão fazendo lá? Eles não se conhecem e estão controlando milhões de pessoas e as vidas delas.

Minha religião consiste em apenas uma palavra: meditação. Isso não inclui nenhuma oração, porque não há ninguém para quem você possa rezar. Você está aqui, uma realidade. Por que não ir para dentro de si mesmo e descobrir de onde vem sua vida, a fonte de sua vida? A fonte de sua inteligência? A fonte de seu amor?

Vá bem para dentro de si mesmo e ficará surpreso ao descobrir que a raiva, o ódio e o ciúme só existem na periferia. No centro mais íntimo de seu ser só existe amor, amor e amor. E ele floresce no momento em que você chega no seu íntimo, e se espalha para toda a sua periferia.

Assim como quando você traz luz para um quarto escuro e a escuridão desaparece, no momento em que você traz seu silêncio, sua paz e seu amor para sua periferia, toda a escuridão que consistia em ciúme, violência, raiva, ódio e competitividade desaparece. Você não tem de fazer nada sobre isso, não tem de controlar nada, isso simplesmente não está lá.

Você não pode controlar a escuridão. Ou ela está lá ou você acende uma vela. E, depois da luz, você nunca pergunta: "O que faço em relação à escuridão?" Ela simplesmente não é encontrada.

A humanidade só tem uma salvação disponível, e é a meditação. Tudo mais falhou. Tente a meditação.

Aqui, as pessoas estão meditando. Não há nenhuma competição, nenhum roubo, ninguém machuca ninguém. Ninguém se sente superior a ninguém. E nós não ensinamos igualdade, não somos comunistas. O comunismo está ultrapassado. Nós ensinamos meditação, e o sentimento de igualdade surge sozinho. Você não precisa ter uma ditadura do proletariado para impor igualdade às pessoas. Nada que é imposto dura muito, porque, no fundo, tudo que você reprimiu, permanece lá. E está adquirindo cada vez mais energia, se tornando um câncer. A igualdade não pode ser imposta.

"*O comunismo está ultrapassado. Nós ensinamos meditação, e o sentimento de igualdade surge por conta própria.*"

Uma pessoa amorosa não se sente superior ou inferior a ninguém. Esses dois complexos, o complexo de inferioridade e o complexo de superioridade, simplesmente desaparecem de seu ser. A pessoa amorosa é apenas como uma árvore, uma nuvem ou uma montanha, apreciando seu ser. E no momento em que você começa a apreciar seu ser, a se rejubilar com seu ser, não pode machucar ninguém. Isso é impossível. Você só pode machucar alguém se está sofrendo, se possui feridas. Quando você está curado e inteiro, sua visão sobre os outros simplesmente muda. Você não pode condenar ou humilhar ninguém. Seu amor não permitirá fazer isso.

> "Uma decisão é possível. Os políticos se vão, as nações se vão. Os líderes religiosos se vão, só há uma humanidade."

Através da meditação temos de criar comunidades ao redor do mundo — já temos muitas. Temos de criá-las em todos os países. Se pudermos tornar esses experimentos existenciais disponíveis para toda a humanidade, haverá esperança de libertá-la da longa escravidão dos políticos e sacerdotes. Se for para a humanidade existir no futuro, os políticos e líderes religiosos terão de deixar de existir. Nós temos de fazer uma escolha clara.

De um lado está toda a humanidade, pessoas inocentes, e do outro lado estão todos os criminosos e conspiradores contra a humanidade: os políticos, os líderes religiosos.

E essa é a hora. Chegamos a uma crise suprema, em que uma decisão é possível. Os políticos se vão, as nações se vão. Os líderes religiosos se vão, só há uma humanidade. E, então, cada universidade poderá se tornar um lugar não só para ensinar geografia, o que é estúpido, história, o que é igualmente uma bobagem, mas para ensinar algo muito essencial: meditação, amor, a arte de viver, a arte de ser humano.

Cada universidade deveria se tornar um templo de sabedoria; ainda não é. É chamada de universidade, mas não é uma universidade, porque não é universal — isso é apenas um nome. Eu não posso acreditar que haja universidades católicas, universidades muçulmanas, universidades hindus! Parece que o homem enlouqueceu. O universo não é muçulmano, hindu ou católico. As universidades deveriam ser totalmente livres de toda política, todas as religiões, deveriam ensinar as artes básicas de ser humano — o que não foi feito até agora. É por isso que há tantas atrocidades, tantos atos desumanos contra seres humanos.

O que o homem tem feito com o homem é inconcebível. Só Adolf Hitler foi responsável pela morte de pelo menos 10 milhões de pessoas. Joseph Stalin não ficou muito atrás. Você vai permitir que tudo isso continue? Não, nós não vamos permitir mais. Nossos modos de mudar o mundo certamente são diferentes. Não, nós não vamos criar armas nucleares para conquistar o mundo e mudá-lo. Já temos a maior arma em nossas mãos: a meditação.

> *"Já temos a maior arma em nossas mãos: a meditação."*

Espalhe isso para todos os que você ama, todos que você conhece. Não diga para ninguém que isso é algo em que se deve acreditar. Apenas diga: "Eu experimentei, vale a pena. Experimente. Você não tem nada a perder. Se não obtiver nada disso, mal não fará." E isso é uma coisa tão simples que até mesmo uma criança pequena pode começar a fazê-la. Pode ser feita até mesmo por um homem moribundo em seu último momento de vida. E se um homem moribundo puder fazer isso, alcançar seu centro, saberá que a morte só está acontecendo na casa em que ele costumava viver, mas que ele não morrerá. Ele conhecerá sua eternidade, sua imortalidade. E esse conhecimento, essa sabedoria, é a maior riqueza que alguém pode obter.

EPÍLOGO

Absolutamente nenhuma notícia

Por favor, você pode comentar sobre este lindo poema de Rumi que eu amo tanto?

"Lá fora, a noite congelante do deserto. Esta outra noite dentro é quente, acolhedora. Deixem a paisagem ser coberta de crosta espinhosa. Nós temos um jardim suave aqui. Os continentes explodiram, cidades e povoados, tudo se torna uma bola preta ressequida. A notícia que ouvimos é cheia de tristeza pelo futuro. Mas a verdadeira notícia aqui dentro é que não há absolutamente nenhuma notícia."

O poema de Mevlana Jalaluddin Rumi é lindo, como sempre. Ele só falava palavras bonitas. É um dos poetas mais importantes, e também é místico. Essa é uma rara combinação. Há milhões

de poetas no mundo, e há alguns místicos no mundo, mas um homem que é as duas coisas é muito raro de encontrar. Rumi é uma flor muito rara. Ele é um poeta tão importante quanto é um místico importante. Por isso, sua poesia não é apenas poesia ou apenas uma bela combinação de palavras. Ela contém imenso significado e indica a direção da verdade máxima. Ela não é entretenimento, é iluminação.
Ele estava dizendo:

> Lá fora, a noite congelante do deserto.
> Esta outra noite dentro é quente, acolhedora.

Lá fora não é realmente o espaço para você estar. Lá fora você é um estrangeiro, dentro você está no lar. Lá fora, a noite congelante do deserto. Dentro é quente, acolhedor.

Mas bem poucos são afortunados o suficiente para ir de fora para dentro. Eles esqueceram totalmente de que têm um lar dentro de si; eles o procuram, mas no lugar errado. Eles procuram durante todas as suas vidas, mas sempre fora; nunca param por um momento para olhar para dentro.

> Deixem a paisagem ser coberta de crosta espinhosa.
> Nós temos um jardim suave aqui.

Não se preocupe com o que acontece lá fora. Dentro, sempre há um jardim pronto para recebê-lo.

> Os continentes explodiram, cidades e povoados,
> tudo se torna uma bola preta ressequida.
> A notícia que ouvimos é cheia de tristeza pelo futuro.
> Mas a verdadeira notícia aqui dentro é que não há
>   absolutamente nenhuma notícia.

Essa última frase tem a ver com um antigo ditado que diz: "A ausência de notícias é uma boa notícia." Eu nasci em uma vila muito pequena, na qual o carteiro ia apenas uma vez por semana. As pessoas temiam que ele lhes trouxesse uma carta; elas ficavam felizes quando não recebiam nenhuma. De vez em quando, havia um telegrama para alguém. O simples boato de que alguém havia recebido um telegrama era um choque tão grande na vila que todos se reuniam — e somente um homem tinha instrução suficiente para ler. Todos ficavam com medo: um telegrama? Isso significava alguma má notícia, se não fosse, por que gastariam dinheiro com um telegrama?

Aprendi desde a primeira infância que a ausência de notícias é uma boa notícia. As pessoas ficavam felizes quando não recebiam nenhuma notícia de seus parentes, seus amigos ou qualquer pessoa. Isso significava que tudo estava bem.

Rumi diz:

A notícia que ouvimos é cheia de tristeza pelo futuro.
Mas a verdadeira notícia aqui dentro é que não há
absolutamente nenhuma notícia.

Tudo está silencioso e tudo é tão bonito, pacífico e alegre como sempre foi. Não há absolutamente nenhuma mudança; portanto, não há nenhuma notícia. Dentro é um êxtase eterno, para todo o sempre.

Direi novamente que esses versos podem se tornar verdade em *sua* vida. Antes que isso aconteça, você deve alcançar dentro de si mesmo o lugar onde a notícia nunca existiu, onde tudo é eternamente igual, desde o início — se é que houve um início —, e continuará a ser, até o fim — se é que haverá um fim. De fato, não há nenhum início e nenhum fim, e o jardim é exuberante, verde e repleto de flores.

Antes de o mundo exterior ser destruído por seus políticos, entre em seu mundo interior. Ele é a única segurança que resta, o único abrigo contra armas nucleares, contra suicídio global, contra todos esses idiotas que têm tanto poder de destruição. Mas, pelo menos, você pode se salvar.

Eu tinha esperanças, mas com o passar dos dias me tornei cada vez mais familiarizado com a estupidez humana... Ainda tenho esperanças, mas só por força do hábito. Meu coração realmente aceitou o fato de que apenas algumas pessoas podem ser salvas. Toda a humanidade está determinada a se destruir. E essas são as pessoas que se você lhes disser como podem ser salvas, elas o crucificarão. Elas o apedrejarão até a morte. Em minhas andanças pelo mundo eu ainda rio, mas há uma sutil tristeza nisso. Eu ainda danço com você, mas não mais com o mesmo entusiasmo de dez anos atrás.

Parece que os poderes superiores da consciência são inúteis contra os poderes inferiores e odiosos dos políticos. O superior é sempre frágil, como uma rosa, você pode destruí-lo com uma pedra. Isso não significa que a pedra se tornará superior à rosa; isso simplesmente significa que a pedra não tem consciência do que está fazendo.

As multidões não têm consciência do que estão fazendo, e os políticos pertencem à multidão. Eles são seus representantes. Quando pessoas cegas lideram outras pessoas cegas, é quase impossível despertá-las, porque a questão não é só elas estarem adormecidas, é também estarem cegas.

Não há tempo suficiente para curar seus olhos. Há tempo suficiente para despertá-las, mas não para curar seus olhos. Então vivo confinado no círculo de meu próprio pessoal. Esse é o meu mundo, porque sei que aqueles que estão comigo podem estar adormecidos, mas não estão cegos. Eles podem ser despertos.